Marlene Toussaint
MATO-VERLAG

Erlebnisse mit Engeln und Verstorbenen

Mato-Verlag: Memmingen/Allgäu
Am Geisberg 6, 87779 Trunkelsberg

Tel./Fax: 08331/49 44 45

Internet-Adresse: www.engel-bücher.de
www.mato-verlag.de

ISBN 978-3-936795-58-5

Dieses Buch widme ich den wunderbaren Menschen, die trotz des großen Schmerzes über den Verlust eines lieben Menschen uns alle an ihren Erlebnissen teilhaben lassen. Es wurde dieses Mal fast ausschließlich von den treuen Leserinnen und Lesern meiner Bücher geschrieben und ich möchte mich an dieser Stelle noch einmal aufrichtig für ihre Mitarbeit bedanken. Damit haben sie – wenn vielleicht auch unbewusst – sehr viele Menschen trösten können. Durch ihre einfühlsamen Berichte, wie sie einen lieben Menschen verloren haben, sich von ihm verabschiedet haben oder noch immer mit ihm in Kontakt stehen. Ich sage Danke! Und auch die Jenseitigen sagen Danke!

„Warum soll ich Angst haben vor dem Tod, wenn alles, was ich liebe, auf der anderen Seite ist?"

Man kann Gott seine Liebe zeigen, indem man seinen Nächsten liebt und ihm Gutes tut. Keine Handlung auf Erden ist schöner, edler und größer als die Nächstenliebe.

Es ist immer schwer einen geliebten Menschen zu verlieren. Aber es ist genauso schön zu wissen, dass er noch da ist.

Dieses Jahr musste ich mich wieder von zwei Familienmitgliedern verabschieden. Zuerst wurde mein Cousin Michael nach Hause gerufen und am 01. September 2008, sein Vater, mein Onkel Kurt. Ich weiß, dass man sie im Jenseits liebevoll begrüßt hat und meine Familie auf der anderen Seite sich um sie kümmert. Aber meine Aufgabe auf der Erde ist, für sie zu beten.

Marlene Toussaint

Vorwort

Wieder ist so viel passiert bei den Lesern meiner Bücher und bei mir, dass es abermals ein Buch füllt. Das neue Werk heißt „Erlebnisse mit Engeln und Verstorbenen". Dieser Buchtitel hat einen besonderen Grund. Es vergeht kein Tag, an dem wir nicht die Liebe und den Schutz unserer Engel und lieben Verstorbenen erfahren. Sie sind wirklich ein Leben lang bei uns und begleiten uns tatsächlich durchs Leben. Sie erleben unsere Freude und sie erleben unseren Schmerz. Sind wir glücklich, dann sind sie es auch. Sind wir traurig, dann leiden auch sie. Wir müssen sie nur rufen und sie sind für uns da. Sie helfen uns, denn sie lieben uns.

Die vielen Leserbriefe auf meine Veröffentlichungen haben mir das immer wieder bestätigt. Ich war überrascht, wie vielen Lesern meiner Bücher es gelungen ist, ihre Scheu abzulegen und über ihre Erfahrungen so offen zu berichten. Das ist gut so, denn es gibt noch sehr viele Menschen, die dazu noch nicht bereit sind. Im Gegenteil, sie sind noch nicht einmal bereit, ihre Erlebnisse mit den Jenseitswelten in Verbindung zu bringen. Wir leben in einer Zeit, in der man tatsächlich noch aufpassen muss, was man sagt. Aber wir sind die Vorreiter für eine Zeit, die nach uns kommt. Dann wird dieses Thema so selbstverständlich sein, wie das morgendliche Aufstehen. Die Jenseitswelten werden dafür sorgen, dass sich die Vorhänge zu ihrer Welt immer mehr öffnen. Aber trotz allem dürfen wir nicht zu viel erfahren, denn wir sind dazu da, unsere Arbeit auf dieser Welt gut zu meistern. Würden wir gedanklich nur in den Jenseitswelten leben, wären wir zu guter Leistung auf Erden nicht mehr in der Lage. Ich bedanke mich an dieser Stelle für die gute Zusammenarbeit mit meinen Lesern und die wunderbaren Erlebnisse, die sie mir zugeschickt haben, damit andere Menschen daran teilhaben dürfen. Ihre Berichte haben vielen Menschen Trost gebracht. Schämen auch Sie sich nicht, darüber zu schreiben oder zu sprechen, denn der Kontakt zu den Jenseitswelten ist etwas ganz Besonderes.

Geben ist seliger als Nehmen

Mit meiner Mutter saß ich vor dem Fernseher und schaute mir einen Bericht an. Dieser handelte von einem Mann aus China. Er wurde von einem Lastwagen überfahren und er verlor dabei nicht nur seine Beine, sondern bei dem schrecklichen Unfall wurde ihm das ganze Becken vom Körper abgetrennt. Der Mann hieß Peng und wollte nach diesem furchtbaren Schicksalsschlag nicht mehr leben. Aber seine Frau und seine Familie machten ihm Mut. Es bestand sogar die Möglichkeit für Peng, eine Prothese anfertigen zu lassen, mit der er wieder laufen könnte. Ich kann mich noch gut daran erinnern, wie mir die Tränen übers Gesicht liefen, als ich von diesem Schicksal im Fernsehen erfuhr. Ich schrieb sofort die Kontonummer auf, unter der die Zuschauer gebeten wurden, für Peng zu spenden. Die Spenden sollten ausreichen, damit er die Prothesen und die nötigen Behandlungen bekam und sogar noch ein wenig zum Leben übrig hätte. Aber er war nach seiner eigenen Ansicht zu nichts mehr zu gebrauchen. „Ich bin nur ein hilfloser Krüppel, der anderen zur Last fallen wird", sagte er selbst. Ich konnte sehen, wie auch meine Mutter bei diesem Bericht weinte. Auch sie wollte spenden. Ganz eigenartig war dann, dass, als ich die Überweisung über das Internet tätigte und nach der Eingabe im PC die Tan-Nr. abgefragt wurde, gerade bei dieser Überweisung eine Tan-Nr. kam, die mich richtig überwältigte: Von 6 Zahlen waren 5 eine 7. Und die Sieben ist die Zahl der Engel. Ich glaube, das hatte etwas zu bedeuten. Zumindest sagte es mir, dass es im Sinne Gottes ist, Gutes zu tun.

Einige Wochen später wurde wieder ein Bericht über Peng gebracht. Der tapfere Mann konnte mit dem gespendeten Geld operiert werden und man konnte sehen, wie er versuchte, mit seinem künstlichen Unterkörper und seinen neuen Beinen zurecht zu kommen. Wir waren wieder zu Tränen gerührt, denn es hatten so viele Menschen gespendet, dass fast 40.000 Euro zusammen gekommen waren. Die Zukunft des Mannes und seiner Familie war somit abgesichert. Es war für meine Mutter und mich ein wunderbares Gefühl, dass man mit ein wenig Geld diesem verzweifelten Mann und seiner Familie so viel helfen konnte. Sein Schicksal hatte viele Menschen berührt.

Wir besitzen in unserem Wohlstandsland so viel und sollten die Ärmsten der Armen daran teilhaben lassen. Selbst ein Hartz IV-Empfänger hat mehr als die meisten Menschen in der dritten Welt. Diese wissen oft nicht einmal, wie sie an Lebensmittel kommen, um satt zu werden. Unsere Welt ist so klein geworden. Wenn Sie Ihren Urlaub in einem Land verbringen, wo es viele arme Menschen gibt, dann suchen Sie sich eine Familie aus, die arm ist und die Sie finanziell unterstützen können. Sie werden sehen, wie dankbar diese Menschen sind. Und Sie müssen keine Angst haben, dass Ihr gespendetes Geld nicht ankommt. So fing meine nun 20-jährige Freundschaft mit einer Familie aus Manila an.

Leider gibt es immer wieder einige schwarze Schafe auf diesem Planeten, die mit der Hilfsbereitschaft anderer Menschen dunkle Geschäfte machen und dafür verantwortlich sind, barmherzige Menschen vom Spenden abzuhalten.

Phänomene

Nachdem ich schon lange nichts mehr von der Freundin meiner Mutter gehört hatte, spürte ich, dass ich sie unbedingt anrufen muss. Ich hatte schon die ganze Zeit kein gutes Gefühl. Bereits bei der Begrüßung merkte ich dann, dass irgendetwas nicht stimmte. Als ich fragte, wie es ihr geht, antwortete sie mit schwacher Stimme: „Mir geht es so schlecht, dass ich nicht mehr daran glaube, wieder gesund zu werden und am liebsten sterben möchte!" Ich sagte ihr, dass sie zum Sterben noch keine Zeit hat, weil ihr Mann sie noch braucht, der pflegebedürftig ist. Sie meinte aber, sie hätte die Kraft nicht mehr, ihn zu pflegen, ich solle bitte für sie beten, damit alles gut werde. Ich sagte, dass alle Gebete erhört werden und sie ebenfalls für ihre Genesung beten soll. Ich riet ihr, ins Krankenhaus zu gehen. Ihr Mann kam so lange in ein Pflegeheim. Aber auch der Krankenhausaufenthalt brachte keine Besserung und sie wurde wieder entlassen, weil die Ärzte nicht wussten, was sie mit ihr anfangen sollten. Ihr Mann blieb weiterhin im Pflegeheim, denn die Freundin meiner Mutter war noch nicht einmal in der Lage nach sich selbst zu schauen, geschweige denn, die Versorgung ihres Mannes zu übernehmen. Als ich sie wieder anrief, machte sie auf mich am Telefon einen sehr schlechten Eindruck. Selbst ihr kranker Mann sagte bei einem Besuch zu ihr: „Ich glaube, das wird nichts mehr, du wirst nicht mehr gesund!" Er wollte sie auch nicht mehr besuchen kommen, denn er konnte sie nicht mehr leiden sehen. Außerdem war sie sein Schicksal: wenn sie nicht mehr gesund würde, dann müsste er bis an sein Lebensende im Pflegeheim bleiben. Als ich am Abend ins Bett ging, betete ich zu Gott und der Mutter Maria und bat um Heilung durch den Engel Raphael. Während ich ins Gebet vertieft war, fragte ich, ob Irmi wieder gesund wird, da hörte ich drei Mal in meinem Ohr das Klicken, das „ja" bedeutet. Da wusste ich, dass Hilfe unterwegs war. Am nächsten Tag rief ich Irmi an und sagte: „Du wirst wieder gesund!". Sie fragte: „Woher weißt du das, ich werde nicht mehr gesund, ich habe keine Kraft mehr, ich bin total abgemagert, du würdest mich gar nicht mehr erkennen. Am liebsten möchte ich sterben, aber am besten schnell, damit ich nicht mehr so viel leiden muss!" Ich berichtete ihr von meinem nächtlichen Erlebnis, bei dem man mir aus den Jenseitswelten gesagt hatte, dass sie wieder gesund wird. Sie war zwar sehr skeptisch, aber ich kann Ihnen versichern, dass Irmi tatsächlich wieder gesund wurde und heute ihren Mann wieder alleine pflegen kann! Die Kraft der Gebete ist stärker als alles, was man sich vorstellen kann. Aber die Gebete müssen von Herzen kommen!

Wochenlang erhielt ich immer wieder eine SMS auf meinem Handy mit dem Text "I just called to say I love you!" („Ich rufe nur an, um dir zu sagen, dass ich dich liebe!"). Aber jedes Mal, wenn ich nachsah, wer der Absender dieser SMS war, war sie verschwunden. Immer wieder versuchte ich, eine Erklärung dafür zu finden. Ich fragte meinen Lebensgefährten, ob er mir diese SMS geschickt hatte, aber er war es nicht und verdächtigte mich bereits, einen Freund zu haben. Kann ein „Jenseitiger Freund" der Absender dieser SMS sein? Ich habe noch nie eine SMS erhalten, die verschwunden ist, nachdem ich sie angesehen habe! Denn normalerweise muss ich die Nachrichten, wie auf jedem anderen Handy auch, selbst löschen. Nur dieser

Text ist immer weg, nachdem ich ihn gelesen habe. Das wiederholte sich bis jetzt mindestens 20 Mal, es war also keine einmalige Angelegenheit. Als ich dies einer Bekannten anvertraute, berichtete sie mir, dass mit ihrem Handy ebenfalls Dinge passieren, die man nicht als „normal" bezeichnen kann.

Es war bereits ein paar Monate her, dass ich mit meiner Cousine, die ebenfalls hellsichtig ist, telefoniert hatte. Ich wollte ihr unbedingt mitteilen, dass meine Kommunikation mit den Jenseitigen nun wesentlich einfacher geworden ist. In dem Buch „Engel und die Jenseitigen lieben uns" habe ich bereits davon berichtet, dass ich mit den Jenseitswelten durch ein Klicken im rechten Ohr Kontakt halten kann. Einmal Klicken heißt „nein", dreimal Klicken heißt „ja". Das hat sich bis heute so oft exakt so zugetragen, dass ich nun mehr darüber schreiben kann, als beim letzten Mal. Anfangs hatte ich noch Bedenken, ich dachte, ich hätte Probleme mit meinem rechten Ohr. Aber später fand ich heraus, dass mir damit die Kommunikation mit den Jenseitswelten enorm vereinfacht wurde: Ich benötige jetzt keine Elektrizität mehr, um Antworten auf meine Fragen zu erhalten. Als ich zum Beispiel im Urlaub war, fragte ich, wie es meiner Mutter geht, und ich bekam die Antwort durch das Klicken im Ohr.

Es geht dabei manchmal auch ganz lustig zu. Ich hatte ein paar Kilo zugenommen und wollte diese unbedingt loswerden. Ich sagte zu den Jenseitigen: „Ihr könnt mir ja beim Abnehmen helfen". Und tatsächlich, jedes Mal, wenn ich an den Kühlschrank ging und etwas Süßes herausnahm, kam ein Klicken, das „nein" signalisierte. Waren es gesunde Lebensmittel, kam das dreimalige Klicken, das „ja" bedeutet. Am Schluss bedankte ich mich: „Ich weiß nun Bescheid, es ist die Schokolade, die nicht gut für mich ist!"

Oder wenn wir uns verfahren hatten, kam sofort das Klicken mit „nein". Als mein Freund im Urlaub an einem Sonntag zum Einkaufen wollte, signalisierten mir die Jenseitigen, dass die Geschäfte geschlossen seien, was ich ihm auch sagte. Er meinte, „das kannst du doch gar nicht wissen". Ich ließ ihn glauben, was er wollte, denn er glaubt nicht an diese übersinnlichen Dinge. Ich habe ihm auch nichts davon erzählt, aber ich habe festgestellt, dass ich nun meistens Recht habe, wenn ich etwas behaupte. Als wir ankamen, war das Einkaufszentrum geschlossen. Er wunderte sich: „Normalerweise sind die Geschäfte im Ausland doch auch an Sonntagen geöffnet!" Das waren sie auch, aber nur bis 14 Uhr, und es war bereits 14.30 Uhr.

Ich hatte mehrere Zahnarzttermine. Wie jeder weiß, ist das keine angenehme Sache. Es war mir nicht ganz wohl in die Praxis zu gehen, denn es waren jedes Mal drei Stunden für die Behandlung eingeplant. Deshalb bat ich um himmlische Begleitung. Als ich mich auf den Behandlungsstuhl setzte, klickte es drei Mal in meinem rechten Ohr. Nun wusste ich, dass ich nicht alleine war.

Nun zurück zu dem Telefonat mit meiner Cousine: Ich berichtete ihr von der neuen Kommunikation mit dem Jenseits. Sie sagte zu mir: „Das ist ja verrückt! Weißt du, was mir passiert ist? Ich ging vor ein paar Monaten zum Ohrenarzt wegen der gleichen Sache. Er konnte aber keine Krankheit an meinem rechten Ohr feststellen. Bei mir ist es nämlich auch nur das rechte Ohr. Dann ließ ich mich sogar zum Zahnarzt überweisen, weil der Ohrenarzt vermutete, es könnte auch von den Zähnen kommen. Der Zahnarzt zog mir drei Zähne, aber das Klicken in meinem Ohr ist noch immer da. Nun weiß ich wenigstens, was es zu bedeuten hat und ich bin sehr froh darüber!"

Hätte ich selbst nicht durch Zufall in einem Buch über diese Thematik gelesen, ich hätte sicher nicht so schnell gewusst, um was es sich bei dem Klicken im Ohr handelt. Ich muss dazu sagen, dass es nicht unangenehm ist, es ist sehr bestimmt, aber dezent. Vielleicht helfen diese Zeilen anderen Menschen mit dem gleichen Problem, bzw. es ist ja eigentlich gar kein Problem, wenn man weiß, worum es sich dabei handelt: Sondern es ist die schönste Art der Kommunikation mit dem Jenseits. Denn man stellt die Frage und kurz darauf bekommt man die Antwort! Als ich dies schrieb, wurde es übrigens von der anderen Seite mit „ja" abgesegnet.

Noch immer erhalte ich von den Jenseitigen Blumengrüße und rote Herzen. Aber ich möchte es diesmal nicht wieder beschreiben, da ich bereits ausführlich in meinen anderen Büchern darüber berichtet habe.

Die Geburt meines zweiten Enkelkindes stand bevor. Meine Tochter kannte den genauen Geburtstermin nicht, aber es sollte ein Tag im Februar 2008 sein. Sie bat mich zu kommen, wenn sie in die Klinik muss, um ihre kleine Tochter zu beaufsichtigen, die damals noch keine zwei Jahre alt war. Ihr Mann hatte vor, bei der Geburt ihres zweiten Kindes dabei zu sein. Da ich berufstätig bin, machte ich mir Gedanken, wie ich das Datum der Geburt genau erfahren könnte, weil ich Angst hatte, gerade dann nicht erreichbar zu sein. Meine Tochter wohnt nicht im gleichen Ort. Als ich meiner Cousine davon berichtete, sagte sie: „Du kannst es doch auspendeln, wann dein Enkelkind auf die Welt kommt." „Pendeln?", fragte ich, „kann man sich darauf verlassen?" Sie sagte: „Ich weiß, dass du ein Pendelmedium bist, tu es einfach!" Ich war sehr skeptisch, holte aber trotzdem mein Pendel hervor, betete und bat die Jenseitigen, mir die richtige Antwort zu geben, während ich anfing, es in Bewegung zu setzen. „Laut meinem Pendel ist die Geburt am 14.2.2008", erzählte ich dann jedem, der mich gut kannte, aber ich sagte auch, „bitte verlasst euch nicht darauf!" Dann fragte ich das Pendel wieder, ob ich nachts zu meiner Tochter müsse und es bestätigte, dass ich in der Nacht vom 13.2. auf den 14.2. zu ihr fahren müsse. Ich dachte noch, „so ein Quatsch, dass kann doch gar nicht stimmen, der Monat hat 29 Tage, die Chance ist 1:29." Aber im Unterbewusstsein erledigte ich alles Wichtige zielstrebig bis zu diesem Tag. Ich sagte sogar am Vorabend zu meinem Freund, dies und das sei noch zu erledigen, denn ich sei am nächsten Tag, dem 14. Februar, nicht da, denn dann käme doch das Baby. Er schaute mich ganz komisch an und dachte wohl, ich hätte nicht mehr alle Tassen im Schrank. Als ich an diesem Abend zu Bett ging, überlegte ich noch, ob ich den Wecker stellen oder mich von meiner Tochter wecken lassen sollte. Gegen 3 Uhr in der Nacht vom 13. auf den 14. klingelte dann tatsächlich das Telefon. Nun war es soweit, unser neues Seelchen wollte kommen und es wurde am 14.2.2008 mit ganz viel Liebe in Empfang genommen. Alles geschah genau so, wie ich es ausgependelt hatte. Es war ein ganz besonderer Tag, nämlich der Tag der Liebe: die kleine Miriam wurde am Valentinstag geboren.

Als ich dann am Abend dieses 14. Februars wieder nach Hause kam, hatte ich ständig das Gefühl, ich sei von ganz vielen Seelen und Energien umgeben. Ich setzte mich hin und konnte fühlen, wie es kälter wurde und die Luft um mich herum extrem stark zirkulierte. Es fühlte sich an, wie ein Luftzug, aber alle Fenster waren geschlossen. Ich dachte mir, die Menschen, die uns lieben, sind alle gekommen, um uns beizustehen und sie freuen sich nun mit uns. Jedes Mal, wenn ich telefonieren wollte, war ein Rauschen im Telefon, so dass ich kaum reden konnte. Alles war voller Energie, was bei jedem Anruf die Telefonverbindung störte. Jeder fragte, „was ist denn mit deinem Telefon los?" Ich sagte dann, „ich rufe auf einem anderen Telefon zurück" - aber es war wieder genau das Gleiche. Das ging zwei Tage lang so. Viele Seelen müssen mich während dieser Zeit begleitet haben, denn ich konnte all diese Liebe um mich herum fühlen. Ich danke Gott für dieses wunderbare Geschenk und bitte die Engel, die kleine Miriam ein Leben lang zu begleiten und gut auf sie aufzupassen.

Kurz vor dem Geburtstag meines Patenkindes Vincent machte ich mir Gedanken, was ich ihm zu seinem Geburtstag schenken könnte. Mir kam dann ganz spontan die Idee, ihm eine Kette mit einem Kreuzanhänger zu schenken. Seine Mutter rief mich an und erzählte: „Ich kann nicht verstehen, warum Vincent ein Kreuz gemalt hat, das hat er noch nie gemacht." Ich antwortete lachend, „vielleicht, weil ich ihm eine Kette mit einem Kreuzanhänger kaufen möchte." Er war mir, wie schon so oft, wieder einen Schritt voraus: Vincent malt es und Marlene kauft es, unabhängig von der Verständigung. Dies scheint im Geist zu funktionieren. Acht Wochen nachdem ich Vincent die Kette mit dem Kreuzanhänger geschenkt hatte, kam er weinend zu seiner Mama und sagte, „schau mal, ich habe den Kreuzanhänger verloren, aber die Kette ist noch da."

Als er dann an diesem Tag in den Kindergarten ging, fragte er nach seiner Lieblingstante. Die Frauen sagten zu ihm: „Die Tante ist heute nicht da", er erwiderte: „Ich weiß, sie ist im Himmel!" Dann fingen alle an zu weinen, auch der kleine Vince. Auch wenn das verloren gegangene Kreuz nichts mit dem Tod der Kindergartentante zu tun hatte, so ist es trotzdem sonderbar, dass der kleine Junge mit seinen vier Jahren wusste, dass die Tante, die er so lieb hatte, im Himmel ist. Sie war ganz plötzlich und unerwartet verstorben, obwohl sie noch so jung war. Man wollte den Kindern eigentlich nichts davon erzählen, aber vor Vincent konnte man es nicht verbergen.

Am 24.12.2007 etwa um 10 Uhr ist ein kleines Wunder geschehen: Ich wohne an einer steil abfallenden Straße und sah das große Fahrzeug unseres Briefträgers von weitem an allen unseren Häusern vorbeischießen. Ich sagte noch zu meiner Mutter, „komisch, der Briefzusteller hat heute nirgends gehalten um die Post auszuliefern", machte dann aber das Fenster wieder zu. Dann klingelte es bei mir, es war der Postbote. Er sagte: „Kommen Sie bitte mit, es ist etwas passiert, aber trotzdem ist heute mein Glückstag." Ich folgte ihm und sah, dass die ganze Thujahecke meines Gartens niedergefahren war. Er sagte: „Wäre Ihre Hecke nicht gewesen, dann hätte diese Aktion sicher jemand mit dem Leben bezahlen müssen. Das Auto ist den steilen Berg ohne mich die Straße heruntergerast, weil ein Bremsseil gerissen war. Nur durch Ihre Hecke hat das Auto an Geschwindigkeit verloren, weil diese das Fahrzeug abbremste. Und das war gerade der Moment, als ein anderes Auto entgegenkam. Können sie sich vorstellen, was passiert wäre, wenn Ihre Hecke nicht gewesen wäre? Das Auto wäre ungebremst in das andere Auto gerast, außerdem waren auch noch Fußgänger unterwegs." Es war seltsam, ich war zwar sehr traurig, dass meine Büsche, die bereits 15 Jahre alt waren, auf einer Länge von acht Metern fast alle abgegrast waren, denn für mich verkörpern Pflanzen ja auch Leben. Aber im gleichen Moment erinnerte ich mich an meinen Wunsch am Morgen, als ich sagte, ich würde mich über ein Weihnachtswunder von der anderen Seite sehr freuen. Jetzt kam der Briefzusteller und berichtete mir von seinem Weihnachtswunder, genau am 24.12.2007. Er sagte immer wieder, dass heute der schönste Tag seines Lebens sei, denn es sei ein Wunder geschehen. Niemand kam zu Schaden, außer der Hecke, die das Unheil verhindert hat. „Können Sie sich vorstellen", sagte er immer wieder, „was hätte alles passieren können, nachdem sich die Handbremse am Hang gelöst hatte?"

Marianne P. schrieb:
Auch ich hatte gestern mein kleines Weihnachtswunder. Ich habe vier Deutsche Schäferhunde, die ich alle sehr liebe. Einer davon, mein Asco, ist schwer krank, ich habe ihn bereits operieren lassen und der Tierarzt sagte, es sei eine schwere OP gewesen. Mein Hund hatte am Darmausgang einen Tumor, den er, soweit es möglich war, weggeschnitten hatte. Asco hat außerdem mehrere Ekzeme, die nässen und nicht mehr verheilen. Nachdem der Tierarzt mich darauf hingewiesen hat, dass eine erneute OP nicht mehr möglich ist, versorge ich ihn nun mit pflanzlichen Präparaten und gebe ihm regelmäßig Reiki. Man sagt ja auch, Reiki ist die Heilkraft der Engel. Ich muss sagen, er und auch meine anderen Hunde sind mittlerweile davon regelrecht begeistert, wenn ich die Hände auflege. Asco hilft es auch gegen die Schmerzen. Weil aber eine Heilung nicht möglich war, obwohl ich alle Engel und auch die Engel von meinem Asco und Erzengel Raphael immer wieder um Hilfe gebeten habe, hatte ich mir sogar überlegt, ob es nicht irgendwann besser wäre, ihn einschläfern zu lassen. Aber darf ich einfach so über das Leben eines Tieres entscheiden? Ich weiß es einfach nicht und so habe

ich meine Engel um Rat gebeten. Und siehe da, ich habe Engelkarten von Doreen Virtue und habe die Karte gezogen, dass ich bald die Antwort auf meine Gebete erhalte.

Gestern früh rief mich dann meine Freundin Gabi an und hat mir von einem neuen Buch erzählt, das sie gekauft hat. Auch sie mussten eine Katze vom Freund ihrer Tochter einschläfern, denn sie hatte Krebs und der Tierarzt hatte dazu geraten. Sie erzählte mir außerdem, dass sie gerade jetzt in dem Buch von einem Medium in Amerika gelesen hatte, das im Rundfunk Kontakte zu Verstorbenen herstellt. Ein Mann hatte eigentlich nur aus Neugierde dort angerufen. Das Medium sagte ihm, dass es im Jenseits einen großen braunen Hund gesehen hat und ob er wohl zu ihm gehören könnte. Der Mann sagte, er hätte leider gestern seinen geliebten Hund einschläfern lassen und sei nun traurig, ob es richtig war, was er getan hat. Das Medium sagte ihm, dass sich sein Hund bei ihm bedanken möchte, dass er nicht mehr länger leiden muss und es ihm jetzt gut geht und er dafür dankbar sei, dass er ihn hatte einschläfern lassen. Als Gabi mir das vorgelesen hat, haben wir beide geweint.

Ich denke, ich habe jetzt die Antwort auf meine Gebete erhalten und wenn es so weit ist, glaube ich, werden die Engel meinen Hund zu sich nehmen und gut auf ihn aufpassen. Ich bin mir auch sicher, dass wir uns einmal wieder sehen. Ist das nicht schön?

Aber ich muss dir noch etwas berichten: Seit gestern haben die Abszesse fast aufgehört zu nässen und ich glaube, meinem Hund geht es bald wieder besser. Vielleicht ist die Zeit doch noch nicht gekommen, dass er gehen muss? Was meinst du? Nun Marlene, es geschehen jeden Tag viele große und kleine Wunder auf unserer Welt, wenn wir nur die Augen dafür aufmachen und dankbar dafür sind. Ich denke, der Postbote wird dieses Weihnachtsfest nicht mehr so schnell vergessen und vielleicht glaubt er ja seit dem 24.12. wieder an Schutzengel, frag ihn doch einmal!

Andrea E. schrieb:
Ich hatte gestern ein Treffen mit meinen Firmgruppenkindern. Ich begleite diese bis zur Firmung. Vier Buben und zwei Mädchen. Plötzlich kam das Gespräch ganz überraschend auf das Thema Engel. Ein Mädchen namens Katja, sagte: „Ich glaube ganz fest an die Engel." Sie hatte ein schönes Erlebnis mit ihrem Schutzengel. Er hat ihr geholfen und hinterher fand sie im Raum eine Feder. Die Bedeutung kennen wir beide. Ich konnte nicht so sehr darauf eingehen, denn ich bin sehr vorsichtig. Ich sagte ihr nur, dass es ein ganz schönes und besonderes Erlebnis war und dass gerade Kinder den Engeln sehr nahe sind. Auch die anderen waren plötzlich voller Begeisterung. So etwas freut mich sehr. Wenn sich Gelegenheit findet, versuche ich noch Genaueres zu erfahren und erzähle es dir dann!

In der letzten Zeit habe ich mehrfach Briefe oder E-Mails von Leserinnen meiner Bücher erhalten, die mir davon berichtet haben, dass ihre Kinder Engel gesehen haben. Die Kinder können nicht nur Engel sehen, sondern sie können sich auch mit Verstorbenen unterhalten und diese sehen. Leider verbieten viele Eltern ihren Kindern den Mund und nehmen sie nicht ernst, weil sie mit den so genannten Erfindungen und Märchen, welche die Kleinen erzählen, nichts anfangen können. Glauben Sie an die Worte ihrer Kinder und fragen Sie nach, dadurch können Sie sehr viel aus den Jenseitswelten erfahren. Ihre Kinder sind meistens noch mit diesen Welten verbunden. Es gibt so viele Kinder, die über diese Gabe verfügen und sie können einfach nicht verstehen, warum sie deshalb geschimpft werden oder warum nur sie diese Fähigkeit besitzen und kein anderer außer ihnen die gleichen Wahrnehmungen hat. Es kann frustrierend sein, wenn man nicht gehört wird. Genau wie bei den Erwachsenen, die hellsichtig sind. Immer wieder muss man sich vor anderen rechtfertigen und sein Wissen verteidigen oder komplett unterdrücken. Leider kann man sich nur bestimmten Menschen öffnen und anvertrauen. Kürzlich sah ich im Fernsehen einen Bericht über eine Frau, die heilen kann durch Hände auflegen und versteht, was Tiere sagen. Man nennt sie auch „Tierflüsterin". Die ganze Familie hatte sie bereits seit frühester Kindheit für geisteskrank erklärt und sie gebeten, damit aufzuhören, weil sie sonst in eine Klinik eingewiesen werden müsse. Heute steht ihr Telefon nicht mehr still, jeder, der von ihr gehört hat, möchte von ihr geheilt werden. Sie sagte, sie hätte immer sehr viele Probleme damit gehabt, es ihrer Familie verständlich zu machen, dass sie Engel sehen kann und diese ihr sagen und zeigen, wo der Mensch oder das Tier erkrankt ist.

Ich schrieb in einem meiner Bücher, dass jedes Tier einen Engel hat. Ich nenne sie die „Engel der Tiere". Unser Kater Franzi ist ein sehr schöner, stolzer Kater, der gerne seine eigenen Wege geht, er ist ein richtiger Macho. Wenn ich das Bedürfnis habe, mit ihm zu spielen und ihn zu drücken und ihn deshalb rufe, dann schaut er mich nur an und geht seiner Wege. Dann kam mir der Gedanke: Warum frage ich nicht seinen Tierengel, dass er ihn mir schickt, damit er sich an mich kuschelt? Ich rede seitdem mit seinem Engel und bitte ihn, unser stures Katerchen zu mir zu schicken, damit ich mit ihm schmusen kann. Es ist komisch, aber es funktioniert. Schon wenige Sekunden nach der Bitte an seinen Tierengel, springt er jedes Mal zu mir auf die Couch, um zu schmusen. Es kann kein Zufall sein, denn es klappt tatsächlich.

Martina wollte ihre beiden Kinder zur Schule bringen. Wie immer war es ein stressiger Morgen. Die Kleinen hatten große Probleme, morgens aufzustehen. Ohne Frühstück verließen sie das Haus. Martina hielt noch an einer Bäckerei, um ihren Kindern wenigstens eine Kleinigkeit für die Frühstückspause zu kaufen. Dann kam sie an einen unbeschrankten Bahnübergang. Immer blieb sie dort stehen und musste in der Regel länger warten, bis der Zug kam. Das wollte sie sich heute in ihrer Eile zu Nutze machen. Nach kurzem Überlegen startete sie den Wagen wieder und fuhr los. Aber plötzlich sah sie die Zuglichter auf sich zukommen. „Mein Gott", schrie sie: „Wir müssen alle sterben, ich habe meine Kinder getötet!" Der Zugführer war außer sich, er hatte keine Chance mehr, er konnte den Zug nicht mehr zum Stehen bringen. Alles ging sehr schnell. Die Fahrgäste, die das Ganze sahen, mussten aussteigen und wurden mit einem Bus weitergebracht. Die Bahnstrecke war stundenlang gesperrt und Martina musste aus dem Auto herausgeschweißt werden, denn der Wagen wurde einige Kilometer mitgeschleift. Sie wurde schwer verletzt, aber ihren beiden Mädchen wurde kein Haar gekrümmt. Es war ein Wunder, dass sie alle überlebt haben. Seit diesem Zeitpunkt glaubt Martina wieder an Gott und an Engel. Ihr Leben hat sich seither sehr zum Positiven verändert, denn sie hat durch ihren Glauben wieder mehr Lebensfreude und vor allem weiß sie jetzt, wie kostbar das Leben ist und dass es eine höhere Macht gibt. Früher war für sie alles selbstverständlich, heute weiß sie, dass man täglich so leben sollte, als sei es der letzte Tag. Man muss Gutes tun und mehr Verständnis für andere Menschen aufbringen. Dieser schreckliche Unfall hatte nicht nur negative Auswirkungen, sondern auch Positives für sie und ihre Familie bewirkt. Sie hat allerdings lange gebraucht, das schlimme Unglück zu vergessen. Sehr oft musste sie auch an den Lokführer denken, bei dem sie sich dann einige Monate später, nachdem sie aus dem Krankenhaus entlassen worden war, für ihr Verhalten entschuldigt hat. Durch ihre Unachtsamkeit hatte sie auch ihm Schreckliches angetan.

Ruth war bereits seit einigen Jahren glücklich verheiratet. In ihrer Beziehung zu ihrem Mann gab es sehr viele Gemeinsamkeiten. Sie verstanden sich wunderbar, nur wenn es um ein Leben nach dem Tod ging, da hatte ihr Mann kein Verständnis. Für ihn existierten nur Fakten und Tatsachen, aber der „Quatsch", an den Ruth glaubte und den sie auch ihm immer wieder näher bringen wollte, konnte bei ihm nicht fruchten. Simon ließ sie aber gewähren, „jeder ist ein wenig verrückt, der eine mehr, der andere weniger", sagte er oft zu ihr. Aber das sollte sich bald ändern. Kurz nach ihrem fünften Hochzeitstag ging es Simon immer schlechter, er war total entkräftet und fühlte sich total schlaff. Als er dann anfing, Gewicht zu verlieren, suchte er einen Arzt auf. Nach mehreren Untersuchungen mussten die Ärzte ihm mitteilen, dass er unheilbar an Krebs erkrankt war. Beiden zog diese grausame Diagnose den Boden unter den Füßen weg. Ruth versuchte ihren Mann jetzt erst recht auf ein Leben nach dem Tod vorzubereiten. „Hör auf mit dem Quatsch", sagte er dann jedes Mal verärgert. Ruth hat die Hoffnung aufgegeben und sprach nie mehr darüber. Es war an einem Sonntag, die Ärzte sagten Ruth, dass es mit ihrem Mann bald zu Ende geht. Sie saß an seinem Bett und betete für ihn. Sie bat die Engel, ihn abzuholen und ihn zu trösten und auch ihr Trost zu spenden, denn sie liebte ihren Mann sehr.

„Warum hast du nie geglaubt?", fragte sie ihn in Gedanken. Plötzlich erhellte sich sein Gesicht und er fing an zu reden. Er sagte, „ich danke euch, dass ihr mich abholen kommt. Ihr seid wunderschön, ich werde gleich mitgehen, aber ich muss Ruth noch etwas sagen." Seine Augen waren die ganze Zeit geschlossen, aber er sagte ganz klar: „Ruth, du hattest Recht, sie sind alle gekommen, um mich abzuholen, glaube weiter an ein Leben nach dem Tod, du hattest Recht, ich hatte Unrecht. Ich werde dich jetzt verlassen, aber ich bin glücklich, sei du es auch."

Trotz der großen Trauer war Ruth glücklich, dass gerade ihr Mann in seinen letzten Stunden die Bestätigung gegeben hatte, dass es ein Leben nach dem Tod gibt. Er durfte hinter den Vorhang schauen und hat es ihr noch mitteilen können. Seine Engel haben ihn abgeholt, sie müssen wunderschön gewesen sein.

Über Ingrid hatte ich ja bereits mehrmals berichtet. Ihr Mann starb vor einigen Jahren, aber beide sind sich noch immer sehr verbunden. Sie waren seelenverwandte Menschen. Ich weiß, dass Ingrid am 10. Februar Geburtstag hat. Ich rief sie 2008 schon am 9.2. an, um ihr zu sagen, dass ich an ihrem Geburtstag an sie denken würde, denn ich war mir sicher, sie würde zu ihrer Tochter fahren und wäre am 10.2. nicht daheim. Dabei sagte sie, „Marlene, dürfte ich gleich bei dir vorbeikommen, es geht mir nicht so gut." Natürlich durfte sie zu mir kommen. Sie brachte eine DVD mit, die wir uns anschauen wollten. Gegen Mitternacht richtete ich alles, um ihr zum Geburtstag zu gratulieren. Die ganze Zeit hatte ich das Gefühl, dass ihr verstorbener Mann um uns herum ist. Als ich ihr dann um Mitternacht zum Geburtstag gratulierte, klingelte das Telefon. Schon auf dem Weg zum

Telefon hatte ich ein komisches Gefühl. Ich dachte, außer für Ingrid kann ja jetzt niemand mehr anrufen. Ich nahm den Hörer ab, aber es war niemand am Apparat. Ich konnte nichts hören, obwohl ich mehrmals fragte, wer ist da? Im Herzen wusste ich aber, für wen der Anruf war. Er war für Ingrid, es war ein Geburtstagsgruß von ihrem Mann aus dem Jenseits, denn es wurde nicht aufgelegt. Es konnte sich also niemand verwählt haben. Unsere Lieben auf der anderen Seite vergessen auch unseren Geburtstag nicht, sie sind bei allen Festen, die wir feiern, bei uns.

Ich hatte einen Handwerker beauftragt, der die Holzverkleidung am Haus streichen sollte. Er bat mich um einen Vorschuss, den ich ihm auch gewährte. Dann besorgte ich ihm noch ein paar Arbeiten bei meinem Schwiegersohn. Er war sehr froh darüber, denn er hatte ein Insolvenzverfahren hinter sich. Er bedankte sich tausend Mal bei mir und beteuerte, er sei so glücklich und dankbar, dass ich ihm so viel Verständnis und Vertrauen entgegen bringe. Nun hätte er wenigstens Geld, um sich etwas zum Essen zu kaufen. Am Montag wollte er wieder weiter arbeiten, aber er kam nicht mehr. Alle hielten mich für verrückt, als ich sagte, es muss ihm etwas passiert sein. Andere meinten, er hat sich nun eine gute Zeit mit dem Vorschuss gemacht, denn der war ziemlich hoch gewesen. Ich war mir aber sicher, dass er nicht mehr kommen *kann*, ich war mir ganz sicher, dass er tot sein musste. Ich spürte auch dauernd eine Energie um mich herum, es war ganz eigenartig. Mein Telefon klingelte in dieser Zeit mehrmals, aber außer einem Rauschen war nichts mehr zu hören. Alles war so anders als sonst. Ich fing an, ihn zu suchen, denn ich wusste nicht genau wo er wohnte. Seine Adresse stand zwar auf dem Kostenvoranschlag, aber der Straßenname sagte mir nicht viel. Ich bat meinen

Sohn, dort vorbeizufahren, wo er wohnte. Sein Auto stand vor der Tür aber es hatte ihn schon länger niemand mehr gesehen. Mein Sohn ging zum Hausmeister und bat ihn, die Türe zu seinem Apartment zu öffnen, aber dieser meinte, er habe keinen Schlüssel dafür und wir sollten uns mal keine Gedanken machen, er wäre sicherlich verreist. Viele sagten zu mir, das hat man davon, wenn man jemanden einen Vorschuss gibt, nun ist er doch tatsächlich mit deinem Geld in Urlaub gefahren. Wir hatten nämlich seit ein paar Monaten einen Flughafen, da ist man schnell weg. Doch ich war mir ganz sicher, es musste etwas passiert sein. Aber niemand wollte mir weiterhelfen, jeder blockte ab.

Dann kam mir der Gedanke mit dem Pendeln. Ich betete und bat Gott um eine ehrliche Antwort, nahm das Pendel und fragte, was mit dem Mann los sei. Das Pendel bestätigte mir, ich müsse sofort handeln, denn der Mann liege tot in seiner Wohnung. Sofort rief ich meinen Sohn an, der jetzt ein wenig verärgert war und meinte: „Ich habe doch schon gestern alles getan und niemand wollte auf mich hören." Doch ich sagte ihm, dass ich es ausgependelt habe und deshalb nicht locker lasse. Schließlich sagte er, „Mama ich komme sofort", denn er hatte auch mitbekommen, dass ich das Geburtsdatum unserer kleinen Miriam ausgependelt hatte.

Wir fuhren an das Haus und fragten die Nachbarn und eine Ladenbesitzerin und alle bestätigten mir, dass es recht ungewöhnlich sei, man hätte den Handwerker tatsächlich tagelang nicht gesehen und das sei bei ihm sonst nie der Fall gewesen. Er hätte sonst täglich das Haus verlassen. Weil niemand einen Schlüssel hatte, baten wir eine Dame im Haus, die Polizei zu informieren. Die Beamten kamen etwa eine Stunde nach dem Anruf und waren eigentlich nicht sehr beeindruckt, als ich sie bat, doch bitte die Türe öffnen zu lassen. Der Wohnungsinhaber könnte ja verreist sein und das sei dann Hausfriedensbruch. Aber ich ließ nicht locker. Plötzlich ging im Flur eine Tür auf und die Dame, mit der ich zuvor ein längeres Gespräch geführt hatte, sagte, vorhin sei noch jemand da gewesen und hätte auch nach dem Herrn gesucht. Erst dann wurde die Polizei aktiv. Man überprüfte seine Daten, bestellte den Schlüsseldienst und als ich fragte, ob man mir mitteilen würde, was mit ihm ist, fragten sie: „Sind Sie verwandt oder verschwägert?" Als ich das verneinte, sagte man mir, „dann bekommen Sie auch keine Auskunft." Komisch, dachte ich, ich war die Einzige, die sich um das Wohl dieses Mannes gekümmert hat. Man wollte ja zuerst gar nichts unternehmen, deshalb meinte ich zu den Beamten: „Wenn man etwas tut, ist es gegen das Gesetz, wenn man nichts tut ist es auch gegen das Gesetz, dann heißt es, drei Monate lag der arme Mensch tot im Hochhaus und keinen hat es gekümmert. Kümmert man sich um jemanden, dann geht es einen nichts an. Wir haben Gesetze, die sind eine Katastrophe!" Wir gingen also, denn es ging uns ja, nach Auskunft des Polizeibeamten, nichts an. Mein Sohn und ich waren bereits seit drei Stunden damit beschäftigt, eine Lösung zu finden, wir waren in dem Hochhaus von einem Stock zum anderen gerannt und hatten versucht, den Verwalter und den Hausmeister oder Eigentümer zu erreichen, aber scheinbar hatte niemand einen Schlüssel. Als wir gleich anschließend zum Einkaufen gingen, hörten wir plötzlich einen Krankenwagen an uns vorbeifahren. Mein Sohn sagte, „jetzt fahren wir aber wieder hin, denn sonst erfahren wir nie die Wahrheit." Kurz darauf kam der Notarzt. Als schließlich der Schlüsseldienst das Haus verließ, fragte ich ihn, „wie lange ist er bereits tot?" Er sagte, mindestens drei Tage. Ich wusste es also die ganze Zeit und hatte nicht helfen können. Ich habe mich danach ständig verrückt gemacht, ob ich nicht schon am Montag hätte etwas unternehmen sollen?

Ich nahm dann wieder mein Pendel und es sagte mir, dass es nicht meine Schuld war, denn ich hätte nichts mehr für ihn tun können. Als ich dies mit meinem Freund besprach, er ist Polizist, wurde er ärgerlich und sagte, wieso ich meine Nase immer in anderer Leute Privatleben stecken müsse, dass Ganze ginge mich tatsächlich nichts an. Etwas Schlimmeres hätte er gar nicht antworten können, denn es hörte sich für mich wie ein Vorwurf an, warum hilfst du anderen Menschen, lass sie doch endlich in Ruhe. Er hat tagelang nicht mit mir gesprochen und war wütend auf mich. Aber ich würde es wieder tun, ich sehe kein Verbrechen darin, wenn man anderen Menschen helfen will. Ich konnte nur noch für den Verstorbenen beten, er wurde gerade einmal 55 Jahre alt und muss am 17.02.2008 verstorben sein.

Vor ein paar Tagen sagte meine Mutter: „Kind, nun glaube ich an alles, was in deinen Büchern steht, denn ich habe es heute Nacht auch erlebt." Ich fragte sie, was sie für ein Erlebnis hatte. „Hast du mich denn nicht schreien hören gestern Nacht?", fragte sie. Ich verneinte. Dann berichtete sie mir, sie sei bereits sehr früh eingeschlafen. Gegen Mitternacht wachte sie plötzlich auf, weil sie das Gefühl hatte, dass jemand vor ihr steht. Jetzt sah sie in eine Nebelwand, sie dachte zuerst, sie sei gestorben, aber dann entwickelte sich aus der Nebelwand ein Mensch. Sie glaubte, es sei ihr früherer Chef, der bereits seit einigen Jahren auf der anderen Seite ist. Er sah sehr gut und gesund aus, er hatte einen grauen Anzug an, in der linken Hand eine brennende Kerze und in der rechten Hand eine

Mineralwasserflasche. Er teilte ihr telepathisch mit, dass sie mehr trinken müsse. Aber sie bekam so furchtbare Angst, dass sie ganz laut schrie, denn im ersten Moment glaubte sie, es sei ein Einbrecher. Aber dann wurde ihr klar, dass von diesem Menschen keine Gefahr ausging. Der Mann jedoch verschwand sofort wieder, als er ihre Angst erkannte. Im Nachhinein hat sie sich über sich selbst geärgert, aber sie war auf so etwas nicht vorbereitet, obwohl ich oft mit ihr über diese Dinge sprach.

Als sie mir davon berichtete, war ich sofort der Meinung, es sei der verstorbene Malermeister gewesen und sie hätte ihn in ihrer Aufregung nur nicht richtig erkannt. Das Ganze ereignete sich nämlich in der Nacht vom 17. auf den 18.02.2008 und ab dem 18.02.2008, einem Montag, sollte er wieder bei uns arbeiten, aber er kam ja dann nicht zur Arbeit.

Einen Tag später hatte sie nachts wieder so eine Begegnung der besonderen Art. Nachdem ich ihr erklärt hatte, dass sie keine Angst haben muss, hat sie genauer hingesehen und bestätigte mir, dass es der verstorbene Malermeister war. Ein paar Tage vor seinem Tod hatte er nämlich meiner Mutter noch beim Aufstehen geholfen, als sie hingefallen war. Wer hätte da gedacht, dass wir ihn nicht mehr wiedersehen würden? Genau an der Stelle der Fassade, wo meine Mutter auf der Innenseite schläft, war der Arbeitsplatz des Malermeisters. Er ist ihr zweimal erschienen. Ich habe für ihn gebetet, dass ihn die Engel abholen kommen und ins Licht mitnehmen. Meine Mutter hatte bei den Erscheinungen immer furchtbare Angst, sie sagte, er sah so lebendig aus, er verschwand aber genau so schnell wie er kam. Ich sagte zu ihr, ich glaube, irgendetwas tut ihm leid, denn er ist scheinbar noch erdgebunden. Ich habe danach sehr viel für ihn gebetet, dass er ins Licht geht. Immer wieder bat ich ihn in meinen Gebeten darum. Ich bat seinen Engel, ihn bei uns abzuholen. Seitdem hat meine Mutter ihn nicht mehr gesehen.

Ich empfand sehr viel Mitgefühl für diesen Mann, dann aber bekam ich einen Anruf, nach dem mein Mitgefühl für ihn sofort in Wut umschlug. Eine Dame, die in seinem Haus wohnte, hatte mir versprochen, mich sofort anzurufen, wenn sie etwas über die Todesumstände wüsste. Es kam mir nämlich komisch vor, dass seine Seele keine Ruhe fand. Sie sagte: „Frau Toussaint, er hat sich das Leben genommen." Ich schimpfte, „so viele Menschen wollen leben und bei ihren Lieben bleiben und er könnte leben und hat sein Leben einfach so beendet!" Dann fragte ich mich ständig, was habe ich übersehen? Was hätte ich tun können? Warum gab es keine Signale? Warum hat er sich nicht geöffnet und sein Herz bei mir ausgeschüttet, ich hätte sicher ein offenes Ohr für seine Probleme gehabt. Er machte einen glücklichen Eindruck, nichts deutete auf einen Selbstmord hin. Er war noch an dem Samstag zu meinem Schwiegersohn gefahren und hatte gesagt, er würde ihm einen Kostenvoranschlag schicken. Er sei so froh, dass er nun wieder Arbeit hätte. Beide tranken noch einen Kaffee zusammen und haben sich lange und gut unterhalten. Ich weiß nicht, was an diesem Wochenende mit ihm passiert ist.

Nun bin ich mir sicher, dass meine Mutter mich versteht, wenn ich ihr von meinen nächtlichen Erlebnissen berichte, denn sie hat es nun selbst erlebt. Komisch an dem Ganzen ist, dass ich meine Mutter ständig auffordern muss, viel zu trinken, denn sie hat kein Durstgefühl mehr. An Tagen, an denen sie sehr wenig trinkt, habe ich oft massive Probleme mit ihr. Bekam ich dafür Unterstützung aus dem Jenseits?

Vor drei Jahren verunglückte der geliebte Mann von Waltraud tödlich. Der einzige Halt, den sie damals hatte, war ihre kleine Enkeltochter. Sie wurde nur drei Monate nach dem Tod ihres Mannes geboren. Waltraud hatte ihrer Tochter angeboten, das Kind zu betreuen, während sie zur Arbeit ging. Da Jasmina sehr gerne in Omis Bett schlief, erlaubte sie ihr das auch. „So klein ist sie ja nun nicht mehr", sagte sie immer zu ihrer Tochter, weil diese eigentlich deswegen Bedenken hatte. Eines Tages hatte Waltraud Jasmina wieder zu einem Mittagsschläfchen hingelegt, so konnte sie in Ruhe ihre Hausarbeit erledigen. Plötzlich überkam sie ein ganz eigenartiges Gefühl, als hätte sie jemand angefasst. Sie schaute hinter sich, konnte aber niemanden sehen. Aber das Gefühl, dass jemand im Zimmer war, hörte nicht auf. Auf einmal sah sie ein Leuchten im Raum. Aus diesem Leuchten heraus kristallisierte sich ganz plötzlich der Körper ihres verstorbenen Mannes. Er zeigte dauernd mit der Hand nach draußen, aber Waltraud konnte damit nichts anfangen. Sie fragte, „was willst du mir sagen?" Dann, auf einmal, wusste sie es, sie rannte nach draußen direkt an den Teich. Dort entdeckte sie Jasmina kopfüber im Wasser, sie strampelte mit Händen und Füßen. Die Kleine hatte nach den Fischen schauen wollen und ist dabei in den Teich gefallen. Jasmina muss aufgewacht und unbemerkt alleine nach draußen gegangen sein. Die Fische im Teich hatten sie immer fasziniert. Als Waltraud die Kleine in Sicherheit gebracht hatte, zum Glück war nichts passiert, dankte sie ihrem Mann und allen Schutzengeln. Es ist immer wieder faszinierend, wie die Menschen, die wir lieben, an unserem Leben teilhaben. Hätte sich ihr verstorbener Mann nicht gezeigt, dann würde die kleine Jasmina heute sicher nicht mehr leben.

Am 19. und 20. April 2008 war ich mit Petra auf dem Weg zu den Engeltagen. Der Samstag war ein sehr grauer und verregneter Tag. Ich sagte zu Petra, „wir müssen aufpassen, dass wir den Ausstieg Fürstenfeldbruck nicht verpassen." Aber wir waren ja beide erfahrene Zugfahrerinnen und es war uns bis dahin noch nie passiert, dass wir einen Ausstieg verpasst hatten. Ich erzählte ihr noch, dass mein Lebensgefährte mich vor einigen Jahren von unterwegs aus dem Zug anrief und ankündigte, „wir sind bald zu Hause, du kannst schon anfangen zu kochen." Als das Essen fertig war, wunderte ich mich sehr, dass er und sein Sohn noch nicht da waren. Am Ende stellte sich heraus, dass sie in einen falschen Zug eingestiegen waren. Wir beide lachten aus vollem Herzen über diese Dusseligkeit und waren sicher, dass uns so etwas nicht passieren könnte.

Petra und ich waren bereits sehr aufgeregt und freuten uns riesig auf die Engeltage. Dann hielt die S-Bahn und ich sagte zu Petra: „Hast du gerade gehört, was es für eine Haltestelle ist, denn laut Uhrzeit müssten wir gleich da sein." Sie hatte aber nichts gehört. Ich dummerweise auch nicht, deshalb verdrehte ich meinen Kopf nach allen Seiten. Ich wollte unbedingt herausfinden, wo wir uns befanden, konnte aber kein Schild sehen, auf dem der Name des Ortes geschrieben stand. Petra ging es ähnlich. Deshalb sprach ich einen Mann an und fragte: „Wissen Sie, was das gerade für eine Haltestelle war?" „Das war Fürstenfeldbruck", sagte er. „Oh nein", rief ich, „das kann doch nicht wahr sein, wie konnte uns das nur passieren?!" Bei der nächsten Station stiegen wir aus und ich sagte zu Petra: „Du, ich glaube, das sollte so sein, denn alles hat einen Grund." Sie gab mir Recht.

Während der Fahrt hatte ich meinen Schutzengel gebeten, mir doch ein Reh zu zeigen, wenn ich auf dem richtigen Weg bin. Allerdings hatte ich dieses Mal leider kein Reh gesehen und war auch ein wenig traurig. Wir nahmen die S-Bahn und fuhren wieder eine Haltestelle zurück. Was ich dann sah, ließ mir den Atem stocken! Ein Reh stand auf der linken Seite auf einer Wiese und schaute in unsere Richtung. Ich war fasziniert, das war also der Grund, warum wir an der besagten Haltestelle nicht aussteigen durften. Man wollte mir bestätigen, dass wir auf dem richtigen Weg waren, auf dem Weg zu unseren Engeln. Auch auf dem Rückweg hat man uns wieder ein Reh gezeigt.

Die Veranstaltung fing mit einer Meditation an. Als wir die Augen wieder öffnen sollten, fiel genau neben mir, von oben kommend, eine weiße Feder auf den Fußboden. Aber das Erstaunliche an der Sache war: wir befanden uns in einem geschlossenen Raum und niemand konnte sagen, wo diese weiße Feder herkam. Alle Anwesenden im Umkreis, die den Vorfall beobachtet hatten, waren völlig fasziniert. Die Engel haben uns so viele wunderbare Zeichen geschickt, dass ich an der Existenz der Engel und ihrer Liebe zu uns nicht den geringsten Zweifel hege.

Es war am Abend des 10. April 2008. Den ganzen Tag dachte ich an meinem Großvater, der auch mein Schutzgeist ist. In Gedanken sprach ich mit ihm, denn ich war sehr traurig an diesem Tag. Ich sagte zu ihm, dass ich mir so viel Mühe gebe, den Menschen in meinen Büchern die Jenseitswelten näher zu bringen. Aber es gibt immer noch so viele Menschen, die es als Spinnerei abtun. Außerdem machte ich mir Gedanken, ob ich das Buch, das bereits fertig war überhaupt veröffentlichen soll. Ich sendete meinem Opa liebe Gedanken, denn er war an einem 1. Mai geboren. Ich dachte an vergangene Zeiten und wie lieb ich ihn immer hatte (und noch immer habe) und dass er mir furchtbar fehlt. Es war bereits sehr spät am Abend und ich wollte gerade aufstehen, um mich zu duschen. Plötzlich sah ich das liebe Gesicht meines Großvaters. Er lächelte mich an und sein Gesicht sah sehr, sehr glücklich aus. Ich konnte sofort spüren, dass es ihm gut geht. Er hatte rosige Wangen und strahlend blaue Augen. Für mich war es ein wunderbarer Moment. Nun mag es wieder einige Zweifler geben die sagen: „Die spinnt!" Aber ich würde so etwas nie erfinden, nur um meine Bücher zu füllen. Im Gegenteil, jedes Mal, wenn ich über diese Thematik ein Buch geschrieben habe, denke ich immer, das war definitiv das letzte Buch über die Jenseitswelten, denn über was sollte ich künftig noch schreiben? Wer setzt sich schon freiwillig der Kritik der Menschen aus, um beschuldigt zu werden, verrückt zu sein, obwohl im Oberstübchen alles gesund ist? Alles was ich erlebt hatte, habe ich niedergeschrieben aber nicht, um bekannt zu werden, sondern um anderen Menschen, die um ihre Lieben trauern, zu helfen. Aber immer wieder erfahre und erlebe ich neue Dinge, von denen ich weiß, sie müssen aufgeschrieben werden. Wollte mein Opa mich ermutigen, weiter zu machen? Ich wollte mich den Kritikern nicht mehr stellen und mit dem Schreiben aufhören. Aber vielleicht ist es meine Bestimmung, gegen den Strom zu schwimmen.

Danke, Mutter Maria

Abends lag ich im Bett und war gerade im Begriff, für kranke Menschen zu bitten und zu beten. Dabei bat ich die Mutter Maria um ihren Beistand und um viele Engel, die unsere so unsichere Welt schützen mögen. Es war ein Tag, als die Medien verbreiteten, dass Al Kaida wieder einen Anschlag auf Deutschland angekündigt hat. Ich bat die Mutter Maria um Verzeihung, weil ich für diese Menschen, die Tod, Verderben und Unglück über andere bringen, keinerlei Liebe empfinden kann, sondern nur Verachtung. Ich sagte im Gebet zu ihr: „Liebe Mutter Maria, leider habe ich kein so gutes, reines Herz wie du, dein Herz ist so rein, wie ein funkelnder Diamant und ich bin mir nicht sicher, ob ich jemals auf diese Ebene komme, wo ich dich einmal sehen könnte." Aber es sei mein größter Wunsch, sie einmal sehen zu dürfen. Ganz plötzlich, wie aus dem Nichts, stand eine wunderschöne Frau vor mir. Sie war weiß gekleidet und hatte einen Schleier auf dem Haupt. Haare waren keine zu erkennen. Das weiße Gewand ragte bis zu den Füßen. Ihr Gesicht war wunderschön. Sie war sehr klein und zierlich, nur etwa 1,50 Meter groß. Ich bin mir sicher, es war die Mutter Gottes, denn sie sah aus, wie auf dem Bild, das ich von ihr habe, es ist das Bild von Portugal, wo sie den Kindern in Fatima erschienen ist.

Ich musste anschließend an ein Gespräch mit meinem verstorbenen Vater denken, in dem er zu mir gesagt hatte: „Marlenchen, ich habe die Mutter Maria gesehen, sie sagte zu mir, hab keine Angst, es wird alles wieder gut!" Das war kurz vor seinem Tod. Ich dachte damals, entweder ist er verrückt, oder er ist furchtbar krank und weiß deshalb nicht mehr, was er sagt! Jetzt kann ich nur bitten: „Verzeih mir Papa für meine Gedanken damals, denn heute weiß ich, diese Dinge passieren wirklich!"

Das war wieder ein wunderschöner Augenblick in meinem Leben und ich bin sehr dankbar, dass ich so etwas Außergewöhnliches erleben durfte. Ich bin mir nun ganz sicher, wenn man ein ganz inniges Verhältnis zu der geistigen Welt aufbaut, sind diese Wesen immer um uns und für uns da. Nie in meinem ganzen Leben hatte ich so viel Liebe in meinem Herzen für Gott, die Mutter Maria und die Engel, wie in den letzten Jahren.

Manchmal gibt es Menschen, die zu mir sagen: „Pass auf, dass du keine negativen Energien anziehst, du beschäftigst dich zu sehr mit den Jenseitswelten!" Aber das kann nicht sein, ich bin mir sogar ganz sicher, dass mir nichts geschieht. Wenn man mit so viel Liebe aus der geistigen Welt umgeben ist, dass man es sogar täglich spüren kann, steht man auch unter einem besonderen Schutz der Engel. Sie halten über jeden, der sie liebt und der an sie glaubt, ihren Arm der Gerechtigkeit. Jeder, der sich mit Engel befasst, kann nach einer Weile ihre unendliche Liebe aus den Jenseitswelten spüren.

Mein erster Arbeitstag nach meinem Urlaub war ein besonders aufregender Tag. Mein Arbeitskollege war nur noch ein Nervenbündel und berichtete mir, dass sein Sohn im Krankenhaus wäre und die Ärzte keine Hoffnung mehr hätten, dass er überleben würde. Sein Sohn hatte seine bestandene Prüfung gefeiert. Als er sich nachts auf den Heimweg begab, wollte er eine Abkürzung nehmen, lief durch einen unbeleuchteten Garten, stieg über eine kleine Mauer und konnte in der Dunkelheit nicht sehen, dass er geradewegs in sein Unglück lief. Er stürzte etwa zwei Meter tief in eine betonierte Garageneinfahrt. Als man ihn Stunden später fand, bestand kaum noch Hoffnung, dass er überleben würde. Als die Eltern an sein Krankenbett gerufen wurden, schüttelte der Arzt nur noch den Kopf, er hatte keine Hoffnung mehr und sagte dies auch den Eltern. Die Schädeldecke des Jungen war gebrochen, es war die schwerste Form die es überhaupt gab, es handelte sich um ein Schädelhirntrauma dritten Grades. Das Schicksal meines Kollegen hat mich sehr berührt, als er mir davon berichtete. Ich sagte ihm, ich würde für seinen Sohn beten, was ich dann auch tat. Ich gab ihm zudem einige Medaillen der Gottesmutter und bat ihn darum, sie an das Bett seines Sohnes zu legen und zur Mutter Gottes zu beten. Ein paar Tage später kam er wieder zu mir ins Büro und strahlte, dass ein Wunder geschehen sei. Sein Sohn sei wieder auf dem Weg der Besserung und seine Ärzte würden von einem unerklärbaren medizinischen Wunder sprechen. Ich fragte, ob er die Medaillen an das Krankenbett seines Sohnes gelegt hatte, was er mir bestätigte. Ich bin sicher, die Mutter Maria hat ihm sein Leben wieder zurückgegeben, so viele Menschen haben für ihn gebetet. Drei Monate später konnte sein Sohn seinen neuen Arbeitsplatz antreten und wieder arbeiten. Es blieben nicht einmal Schäden zurück, er ist wieder vollkommen gesund. Bis auf die Narbe an seinem Kopf erinnert nichts mehr an seinen schweren Unfall.

Als ich mit dem Fahrrad von der Arbeit nach Hause fuhr, habe ich in einem Park, durch den ich dabei radeln muss, eine sehr nette Dame kennen gelernt. Es war so, dass ihr Hund immer hinter mir herrannte, so als wollte er sagen, fahr nicht vorbei. Wegen ihrem netten Hündchen kamen wir ins Gespräch, dabei berichtete sie mir von ihrem Kummer. Sie sei bereits zum zweiten Mal verheiratet, der erste Mann sei verstorben und nun sei ihr zweiter Mann auch schwer krank. Er wurde bereits zweimal operiert, aber das

Ganze schien hoffnungslos. Ich gab ihr mehrere Medaillen von der Gottes Mutter und sagte zu ihr: „Die Mutter Gottes wird Ihnen in Ihrem Schmerz helfen und beistehen." Außerdem schenkte ich ihr eines meiner Bücher. Als ein paar Wochen später mein Telefon läutete, war Frau G. am Telefon. Sie weinte und sagte, ich solle bitte für ihren Mann beten, denn er sei sehr schwach und krank, er müsse wieder in die Klinik. Sofort war mir klar, dass er nicht wieder gesund werden würde, aber es gab zumindest die Möglichkeit, dass er in Frieden einschlafen kann, wenn ich die Mutter Gottes darum bitte. Vor ein paar Wochen bekam ich wieder einen Anruf von Frau G. Sie berichtete mir, dass ihr Mann am 31.1.2008 ganz friedlich eingeschlafen ist. Das war auch der Todestag meines Vaters, sogar die Uhrzeit war die Gleiche. Sie berichtete mir, wie glücklich er am Tag seines Todes war, obwohl die Ärzte ihr prophezeit hatten, dass er einen ganz schlimmen Todeskampf durchleben würde, denn sein Körper war durch und durch verkrebst.

Frau G. hatte ihren Mann mit nach Hause genommen, denn in der Klinik konnte man nichts mehr für ihn tun. Er war sehr glücklich, wieder daheim zu sein, ein Strahlen ging über sein Gesicht, als er in sein Pflegebett kam. Das Ehepaar hat zwei Hunde. Diese saßen ganz andächtig neben seinem Bett und jeder wusste intuitiv, heute würde es passieren, dass er die Erde verlässt. Er bat seine Frau ein letztes Mal um etwas zu trinken, dabei strahlte er sie an, drehte sich in seinem Bett auf die andere Seite und schlief schmerzfrei und ohne Todeskampf ein.

Das Schönste, was Frau G. mir dann berichtete, war, dass sie ihren Mann ein paar Tage nach seinem Tod neben sich stehen sah. Sie sagte: „Er sah so glücklich und so gesund aus. Er hatte seinen schönen grauen

Lieblingsanzug an. Er lächelte mich an und streckte seine Hand nach mir aus. Alles ist so, wie Sie in ihren Büchern schreiben. Jetzt wo ich das erlebt habe, ist meine Angst vor dem Tod verschwunden, danke für Ihre Bücher."

Ich möchte mich an dieser Stelle nochmals bei der Mutter Gottes für ihre Hilfe bedanken.

Ein unfassbares Verbrechen

„Ein unfassbares Verbrechen" heißt das Buch über den sinnlosen Mord an der Frau eines Kollegen, der in der Justizvollzugsanstalt in Bayreuth als psychologischer Betreuer tätig war. Das Einzige was er wollte, war den Menschen, die ihm anvertraut waren, zu helfen. Es war ihm wichtig, dass diese Menschen nach ihrer Entlassung aus dem Gefängnis wieder einen guten Start in ein neues Leben bekommen. Sie sollten wieder gute Menschen werden, die sich in der Gesellschaft zurecht finden. Dass einer dieser Inhaftierten nach seiner Entlassung seine geliebte Frau ermorden würde, hätte er nie geahnt. Der grausame und sinnlose Tod seiner Frau durch diesen Mann zerstörte sein Leben, das seiner Kinder und das Leben der Eltern, Geschwister und Freunde. Nichts ist mehr wie es früher einmal war. Der Verlust eines einzigen Menschen verändert das Leben von so vielen Menschen. Überall entsteht eine Lücke, die man nicht mehr schließen kann. Ein Menschenleben ist einzigartig und niemand hat das Recht, jemandem das Leben zu nehmen. Der Täter ist eine arme Seele, die sich einmal vor dem Gericht Gottes verantworten muss, denn unsere Gerichte können keine gerechte Strafe für dieses Geschehen aussprechen, denn auch eine lebenslange Inhaftierung wird dieses Verbrechen nicht sühnen können.

Monika fuhr wie immer morgens pünktlich zur Arbeit, sie arbeitete als Krankenschwester. Aber dieses Mal kam sie nicht an ihrem Arbeitsplatz an. Eine Arbeitskollegin von Monika rief ihren Mann Andreas an, denn sie dachte, Monika hätte vielleicht verschlafen. Aber das Bett war leer, sie musste das Haus verlassen haben. Das passte nicht zu Monika, sagte jeder der sie kannte, denn sie war eine freundliche, lustige, hilfsbereite und auch sehr zuverlässige Kollegin. Andreas wusste sofort, dass etwas passiert sein musste, er konnte es förmlich spüren. Alle suchten Monika, auch die Polizei wurde unterrichtet, alle suchten nach der jungen Frau, die spurlos verschwunden war. Nach einigen Tagen fand man Monika, sie wurde vergewaltigt und grausam ermordet. Der Täter musste an einer roten Ampel in ihr Auto gestiegen sein. Angeblich war es eine Zufallstat, er hätte nicht gewusst, dass sie die Frau seines Betreuers war. So begann das schreckliche Leiden für eine ganze Familie.

Der Schmerz, den nun alle durchleben mussten, war furchtbar. Andreas weinte um seine Frau, die Kinder um ihre Mutter und die Eltern um ihr Kind. Das Schlimmste an der Tat war die Brutalität mit der dieser Gefangene, der erst kurz davor wegen guter Führung vorzeitig aus der Haft entlassen worden war, vorgegangen war. Den Tathergang möchte ich nicht schildern. Jeder, der auf diese Art und Weise einen Menschen verloren hat, leidet darunter, dass er sich nicht mehr von dem geliebten Menschen verabschieden konnte. Wie gerne hätte Andreas seine Frau an diesem Morgen noch einmal im Arm gehalten, ihr etwas Liebes gesagt. Er machte sich auch

Vorwürfe, dass er ruhig schlief, während diese Tat passierte und er nichts für seine Frau tun konnte.

Andreas konnte nicht mehr arbeiten, er musste sich um seine beiden Kinder kümmern. Nun wurde ihm erst richtig bewusst, wie sehr ihm Monika fehlte. Er glaubte, alles falsch zu machen, denn er musste funktionieren, aber das konnte er noch nicht, zuerst musste er seinen eigenen Schmerz verarbeiten und trauern. Seinen Kindern musste er nun Vater und Mutter ersetzen. Aber dieser Aufgabe war er noch nicht gewachsen. An manchen Tagen glaubte er, den Verstand zu verlieren. Am Anfang bekam er von allen Seiten Anteilnahme und Unterstützung. Aber irgendwann, ein paar Monate später, als man ihn wieder ein wenig lachen sah, gab es Menschen, die böse Gerüchte über ihn verbreiteten. Sie wollten einen ständig trauernden Mann sehen. Aber es wäre sicher nicht im Interesse von Monika, die Menschen, die sie liebt, im Unglück zurück zu lassen. Ihr geht es ja schließlich gut auf der Ebene, auf der sie sich jetzt befindet.

Als ich das Buch über Monika gelesen hatte, dachte ich: „Ob ich der Familie ein Buch von mir schicken soll, damit ihr Schmerz ein wenig nachlässt?" Und genau in dem Moment konnte ich hören, wie es in meinem Ohr wieder dreimal klickte: das hieß „ja."

Am nächsten Tag verpackte ich das Buch: „Engel und die Jenseitigen lieben uns" und schickte es der Familie mit der Bitte an „Monika", zu helfen, dass der Schmerz nachlassen soll, den die Familie durchlebt.

Ein paar Tage später bekam ich eine Mail von Andreas:

Eben habe ich dein Buch gelesen, das du mir geschickt hast. Bin nach dem Lesen des Buches sehr aufgewühlt und nutze die Gelegenheit, einfach mal Danke zu sagen. Super auch deine Kraft, dich durchzusetzen, dich zu trauen, anders zu sein, dich zu verwirklichen. Bin ein wenig sentimental, da dachte ich, ich schreibe dir meine Gedanken. Alles Liebe, Andy.

Vielen Dank lieber Andreas, für die netten Worte. Ich wollte dir noch sagen, wie ich dazu kam dir das Buch zu schicken. Als ich dein Buch kaufte, fing ich gleich an, darin zu lesen. Alles machte mich sehr traurig. Mir liefen die Tränen über die Wangen und ich dachte, dieser Familie muss ich unbedingt ein Buch schicken, denn ihnen ist viel Leid widerfahren und als ich das dachte, da fing es dreimal in meinem Ohr an zu klicken. Das ist ein klares „ja" von der anderen Seite. Es mag vielleicht für jemanden, der diesen Kontakt zu den Jenseitswelten nicht hat, unverständlich klingen und so manch einer mag denken, die spinnt, aber es ist tatsächlich so. Diese Dinge kommen auch nicht über Nacht, sondern sie entwickeln sich mit der Zeit. Man darf auch nicht vergessen, dass ich sehr misstrauisch bin und viel passieren muss, bevor ich etwas glaube. Aber bei mir ist bereits so viel passiert, dass ich die Existenz der Jenseitigen nicht mehr leugnen kann und darf.

Nun zu deiner Trauer. Ich kann mir sehr gut vorstellen, in was für einer Lage du bist. Der schlimmste Abschied von einem Menschen, sage ich immer, ist der plötzliche Tod, Mord, Selbstmord oder ein Unfall. Das Sich-nicht-mehr-verabschieden-können. Und was bei dir noch viel schlimmer ist, ist die Tatsache, dass der Täter aus deinem Umfeld kam, er war tagtäglich an deinem Arbeitsplatz. Du stellst dir immer wieder die Frage, wie hätte ich es verhindern können? Hätte ich sie an diesem Morgen zur Arbeit fahren sollen? Aber weißt du, was Monika sagen würde, wenn du zu einem Medium gehen würdest? Sie würde sagen: „Andreas, es ist nicht deine Schuld, meine Zeit war gekommen, lach wieder und werde glücklich!" Sie schickt dir auch die Menschen, die dir helfen sollen, wieder lachen zu können. Du musst stark sein für deine Kinder, du sollst sie im Sinne von Monika erziehen und ihnen ein guter Vater sein. Sie sind auch noch junge Seelen, die ihren Halt und die Liebe in der Gemeinschaft der Familie suchen und brauchen. Bete und du wirst die Kraft bekommen. Zuerst muss aber dir geholfen werden. Verzichte auf Alkohol, denn es ist eine Droge, die alles nur viel schlimmer macht. Erfreue dich wieder an den kleinen Sachen des Lebens. An der Natur, an dem Lachen deiner Kinder. Besonders deine Kinder werden dir helfen über diese schlimme Zeit hinweg zu kommen.

All die Menschen, die dir nun mit Neid, Hass und Missgunst begegnen, können nicht verstehen, dass du nun in der Öffentlichkeit stehst. Nach dem Motto „und nun hat er darüber auch noch ein Buch geschrieben, der muss ja viel Geld dafür bekommen." Ich habe auch Kolleginnen, die mir wegen meiner Bücher mit viel Neid gegenüber treten und wenn ich ihnen sage, dass man davon nicht reich werden kann, glauben sie es gar nicht. Meine Bücher entstehen sicher nicht, um Gewinn zu erzielen, denn dann müsste ich diese viel teurer verkaufen. Gewinne machen andere mit meinen Büchern, aber nicht ich. Mein Gewinn ist, dass andere Menschen ihre Trauer durch meine Bücher ein wenig vergessen oder mit Hilfe meiner Bücher wieder glücklich werden. Das möchte ich dir nur schreiben, um dir zu sagen, warum jetzt deine Feinde aufstehen. Nach deinem Leid entsteht bei ihnen nun der Neid. Es hat nichts mit dir zu tun. Die Menschen sind so. Du darfst jederzeit deine Probleme bei mir abladen, dafür bin ich da. Morgens, wenn ich zur Arbeit gehe, denke ich immer, das ist für mich der falsche Ort. Hätte ich mehr Zeit, könnte ich noch mehr Menschen trösten.

Ich wünsche dir und deiner Familie alles, alles Liebe und Gute, vor allem aber ganz viel Kraft. Frage nicht, was du falsch machst, Monika ist sicher sehr stolz auf Dich! Marlene

Andreas schrieb:
Ich hab dir ja am Telefon erzählt, dass am Hochzeitstag die Küchenuhr runterfiel. Der Nagel war noch dran. Es war ungefähr die Zeit, an der wir uns 1994 das Ja-Wort kirchlich gaben, um 11.43 Uhr. Die Uhr ging aber nicht kaputt. An der Uhr hingen drei Engel, zwei zerbrachen. Einen wollte jetzt meine kleine Tochter. Aus welchem Grund auch immer. Das Lichtflackern im Wohnzimmer war auch schon kurz vor ihrem Tod. Danach ganz heftig. Oft, wenn ich am Computer Tagebuch schrieb, oder wenn Besuch da war. Moni wollte sich uns ganz bestimmt mitteilen oder zeigen, dass mit dem Tod nicht alles zu Ende ist. Ich bin mir ganz sicher, dass sie bei uns war. Auch wenn die Lampe vielleicht irgendeinen Defekt hatte.

Wie lange dauert die Trauerzeit?

In den letzten Monaten wurde ich sehr oft gefragt, wann man sich einem neuen Partner zuwenden darf, wenn man einen geliebten Menschen verloren hat. Da so großes Interesse an dieser Thematik besteht, möchte ich Ihnen den Bericht einer Leserin öffentlich machen. Sie hat ihre geliebte Mutter verloren. Und es dauerte nach ihrem Tod nicht lange, dass der Vater wieder auf Brautschau ging. Sie konnte es nicht verkraften, aber sie bekam die Antwort auf dieses Thema nicht nur von mir, sondern auch von ihrer geliebten Mutter von der anderen Seite, als sie ein Medium aufsuchte.

Aber zuerst möchte ich selbst noch etwas dazu sagen. Die Verstorbenen sind glücklich, wenn wir glücklich sind. Auf der anderen Seite, im Jenseits, sind die Seelen auch nicht alleine und treffen geliebte Menschen wieder. Eine Verstorbene sagte bei einer Sitzung von Doris Forster: „Ich habe meinen Freund auf der anderen Seite wieder getroffen, wir hatten uns früher einmal sehr geliebt, aber ich habe ihn im Krieg verloren. Doch wir lieben uns immer noch, denn alte Liebe rostet nicht!" Liebe wird nie vergehen, besonders nicht, wenn wir auf einer Ebene der Liebe und des ewigen Lichts angekommen sind. Machen Sie sich keine Sorgen, wenn Sie sich, oder ein Familienmitglied, das einen Partner verloren hat, wieder verlieben. Die Liebe ist unendlich und erlischt auch nicht mit dem Tod. Unser Herz ist groß genug, um mehrere Menschen zu lieben. Liebe zu geben ist die schönste Aufgabe, die wir Menschen auf dieser Welt verbreiten können. Auch ich kenne in den letzten Jahren kein Gefühl der Eifersucht mehr. Weil ich mir vorgenommen habe, allen Menschen mit Liebe zu begegnen.

Christa schrieb:

Zu meinem Vater muss ich noch kurz etwas sagen. Ich kann ja sonst mit niemandem darüber sprechen. Mein Vater fährt neuerdings dreimal wöchentlich zu einer Thaifrau (ich nenne sie mal so) und er ist sehr glücklich darüber, diese Dame kennen gelernt zu haben. Sie lässt uns immer nett grüßen und schickt ab und an Kuchen und thailändisches Essen mit. Das ist ja soweit alles in Ordnung, mein Vater ist wie ausgewechselt und endlich kann ich mit ihm reden, wie ich es mir immer schon gewünscht habe. Schade, dass Mama das nicht mehr erleben durfte. Sie kannte uns beide nur als furchtbare Streithähne. Er ist eigentlich erst so nett zu mir geworden, seit er weiß, dass ich nichts gegen die Verbindung zu der Frau habe. Allerdings habe ich eine Bedingung gestellt. Ich möchte noch nicht, dass er sie mitbringt. Und die Dame hat volles Verständnis dafür. Ich möchte, dass er erst das Trauerjahr abwartet, denn Mama ist noch nicht so lange tot. Vater versprach mir, sich an die Abmachung zu halten. Aber das hat er dann doch nicht. Am Sonntag stand er plötzlich mit der Thaifrau vor der Tür und präsentierte sie ganz stolz. Ich muss dazu sagen, dass es mir in dem Moment irgendwie, ohne dass ich es wollte, den Boden unter den Füßen wegzog. Ich habe sie nett begrüßt und auch einen kurzen Wortwechsel mit ihr geführt, doch dann habe ich mich höflich verabschiedet. Ich bekam plötzlich im Raum keine Luft mehr und sah immer nur Mamas Foto da stehen. Es tat mir so unglaublich weh. Als er wieder gegangen war, habe ich stundenlang nur geweint. Irgendwie rissen alle alten Wunden wieder auf. Obwohl die Dame sehr nett war und sofort auf unsere Familie einging. Aber ich konnte nichts gegen meine Gefühle tun, dachte nur, das sind doch Mamas Enkelkinder und sie war so stolz auf sie. Und nun hat diese fremde Frau meine Kinder im Arm. Vielleicht hört sich das alles kindisch für dich an, jedenfalls konnte ich mich anschließend nicht mehr beruhigen. Es lag auch nicht an der Frau, denn sie war sehr nett, es lag einfach daran, dass ich wahnsinnig wütend auf meinen Vater war, weil er sein Versprechen gebrochen und sich nicht an unsere Abmachung gehalten hatte.

Spät am Abend kam dann mein Vater wieder alleine vorbei und sagte sofort, er hätte gespürt, dass er einen Fehler gemacht hätte und er wüsste nun, wie weh er mir damit getan hätte. Wir haben uns dann ausgesprochen und ich habe ihn noch einmal gebeten, noch eine Weile zu warten, bis ich bereit dafür bin. Die Thaifrau findet unsere Familie sehr nett und sie hat absolutes Verständnis dafür, dass ich mich erst an die neue Situation gewöhnen muss. Gestern ist sie in einen hohen Apfelbaum geklettert und hat dicke Äpfel gepflückt, sie will mir einen Apfelkuchen backen, weil ich den so gerne mag. Das ist der Stand der Dinge. Sie ist wirklich eine nette Frau, nicht so hübsch wie Mama (Mama war ja außergewöhnlich hübsch), aber trotzdem hat sie ein nettes Wesen. Nur wenn ich daran denke, was demnächst hier in unserem kleinen Dorf getuschelt wird, oh Gott, an das Getratsche darf ich gar nicht denken. Trotzdem kann ich mir immer noch nicht vorstellen, dass meine Mutter ihr okay dazu geben würde. Ich glaube es einfach nicht.

Langsam hat sich nach dem Tod meiner geliebten Mama alles wieder eingespielt, das Leben muss weitergehen. Natürlich denke ich noch ständig mit Wehmut an sie, aber ich weiß, dass sie nicht will, dass ich so traurig bin und ich versuche, ihr diesen Wunsch zu erfüllen. An Weihnachten hatten wir eine Messe in der Kirche für Mama arrangiert. Ich hatte Tage vorher schreckliche Magenschmerzen weil ich Angst hatte, dass ich in der Kirche beim Singen der Weihnachtslieder wieder weinend zusammenbreche. Doch ich musste daran denken, dass ich Mama versprochen hatte, dass ich tapfer bin und aus Liebe zu ihr nicht weinen würde. Ich war dann ganz stolz auf mich, weil ich bei jedem Lied tapfer mitgesungen habe, ohne zu weinen. Ich nehme mir viel Zeit für die Kinder meines Bruders und versuche ihnen, die geliebte Omi ein wenig zu ersetzen. Es gelingt mir aber nicht immer, denn ich bin nicht so gut wie meine Mama, so voller Liebe und Mitgefühl, wie sie für ihre geliebten Enkelkinder war, aber ich bin ja auch noch keine Oma. Doch ich gebe mir viel Mühe mit den Kindern und versuche ihnen viel Zeit und Liebe zu geben. Unser Papa hat immer noch seine Freundin aus Thailand und ich habe sie sehr lieb gewonnen. Ich habe mittlerweile festgestellt, dass sie das Beste ist, was ihm und uns passieren konnte. Und ich bin mir ganz sicher, dass meine Mama sie auch gemocht hätte. Ich möchte dir heute auch nochmals danken, dass du mich in deinen Briefen dazu ermutigt hast, daran zu glauben, dass es auch der Wille meiner Mama ist, dass mein Papa mit dieser neuen Partnerin wieder glücklich wird. Ich wollte es am Anfang nicht wahrhaben. Es ist zwar immer noch sehr schwer für mich, wenn sie in Mamas Küche steht und mit ihren Sachen hantiert, das tut weh. Aber sie liebt uns wie ihre eigenen Kinder und Liebe ist unendlich, du hattest Recht, man kann viele Menschen lieben! Sie sagte heute zu mir, dass sie meinen Vater sehr lieben würde und dass sie auch uns sehr liebt. Sie würde mich so lieben, als sei ich ihr eigenes Kind. Ich hätte ihr alles so einfach gemacht. Sie kocht und backt für uns alle. Ich mag sie sehr und habe sie in mein Herz geschlossen. Sie ist nicht meine Mama, sie wird es nie sein, aber das will sie auch nicht. Es ist immer schwer, mit einem neuen Partner eines Elternteils konfrontiert zu werden. Auch für mich war das am Anfang ein hartes Stück Arbeit, aber durch deine *lieben Worte und durch deine Hilfe sehe ich die Dinge nun vollkommen anders. Ich weiß nun ganz genau, dass es auch der Wunsch meiner Mama ist, dass mein Vater nicht mehr weiter so traurig ist und ich weiß auch, bzw. ich habe gelernt, dass es keinen Hass, Neid und auch keine Eifersucht im Jenseits gibt. Ich versuche nun, die Thaifrau zu akzeptieren. Ehrlich gesagt, wäre mir eine deutsche „Stiefmutter" lieber gewesen, nicht wegen der Rasse oder ihrem anderen Aussehen, nein blöderweise einfach nur, weil ich Angst vor dem Getratsche der Leute habe. Ich hoffe für meinen Vater, dass er mit den vielen Anfeindungen, die noch auf ihn zukommen werden, fertig wird. Gestern Abend hat sie mir wieder einen großen Teller voll mit frischem Apfelkuchen mitgeschickt und das finde ich wirklich sehr nett. Trotzdem möchte ich alles langsam angehen lassen. Ich habe meine Mama erst vor ein paar Monaten verloren und es ist auch nicht einfach, mich so schnell umzustellen. Besonders, wenn ich bedenke, was in den letzten Monaten so alles in meinem Leben passiert ist. Ich muss noch alles auf mich wirken lassen und langsam wieder Kraft schöpfen. Tina ist auch immer noch sehr, sehr traurig, dass sie ihre Omi verloren hat. Sie redet ständig von ihrer Omi und sie sucht so sehr nach ihrer Liebe und Wärme. Ich versuche, ihr so viel wie möglich davon zu geben, aber das Kind leidet um den Verlust seiner Omi. Die Lehrerin sagte uns bereits, dass Tina ständig im Religionsunterricht von ihrer verstorbenen Oma redet. Meine Mutter ist noch sehr oft bei uns. Ich kann es mittlerweile sehr gut spüren, wenn meine Mama da ist. Es wird dann immer sehr kalt um mich herum.*

Ich schrieb:
Christa, du bist echt süß. Deine Mail hat mich teilweise amüsiert. Hass, Neid, Eifersucht und Missgunst existieren nicht auf der anderen Seite. Besonders nicht

auf den Ebenen, wo gute Menschen angekommen sind. Deine Mama ist glücklich, wenn alle anderen glücklich sind. Wir müssen aufpassen, dass wir nicht auch einmal als Schwarz-, Gelb- oder als Rothaut geboren werden, denn wie du weißt, kann dies bei einer erneuten Wiedergeburt passieren. Auch ich habe manchmal so eine Wut auf Menschen mit radikalen Ansichten, ganz egal welcher Nation oder Rasse sie angehören, weil sie im Namen Gottes töten und uns vernichten wollen. Aber mein Glaube hilft mir, und ich bin mir sicher, die Hand Gottes und der Engel schlägt zurück, die Erde, wird nicht vernichtet werden. Es kann sich als Naturkatastrophe auswirken, Erdbeben, Überschwemmungen, Vulkanausbrüche. Ich denke auch immer, vielleicht werde auch ich einmal in so einem Land geboren und werde eines Tages zu Mohammad beten. In jeder Rasse gibt es gute und böse Menschen. Ich bin sicher, deine Mama kennt keinen Rassenhass, wie das auf unserer Welt heute so üblich ist. Wo man wegen der falschen Hautfarbe oder wegen des falschen Glaubens oder Geschlechts bereits getötet wird. Deine Mama hat sicher mitgeholfen, damit dein Vater endlich wieder auf eigenen Füßen stehen kann. Es ist deiner Mama egal, aus welchem Kulturkreis die neue Frau an seiner Seite kommt, denn vor Gott sind wir alle gleich. Ihr ist nur wichtig, dass ihr glücklich werdet. Bei deinem Papa hat sie es ja geschafft und bei euch wird sie es auch noch schaffen, du wirst sehen. Denke doch mal an deine letzten Mails, so wie dein Vater drauf war, das war doch furchtbar. Hast du das bereits vergessen? Ich weiß ganz genau, wie er dich ausgenutzt und wie schlecht er dich behandelt hat. Und das wollte deine Mama nicht mehr. Sie hat sicher nachgeholfen. Lass die Dinge laufen, wie sie laufen. Dein Papa muss für sich selbst entscheiden, das Ganze ist eine wunderbare Entlastung für dich. Und um deine Mama musst du dir keine Gedanken machen, sie ist glücklich.

Wenn man die Augen und die Ohren aufmacht, dann kann man ganz wunderbare Dinge erleben. Meine Wohnung liegt wieder voll mit weißen Federn. Das ist so schön und ich freue mich jedes Mal wieder, wenn ich eine Feder aufheben darf.

Christa antwortete:
Du hast ja mal wieder so Recht. Das Gleiche und wirklich exakt das Gleiche hat mir gestern Abend Tina auch schon beigebracht, das wollte ich dir nur noch kurz erzählen. Wie du ja weißt, mag Tina diese neue Frau an Papas Seite gar nicht, sie findet sie einfach grässlich. Ich hatte dir ja geschrieben, dass Tina mit Verstorbenen reden kann. Ich bat sie gestern Abend, Omi zu fragen, was sie von der neuen Frau an Papas Seite hält und sie solle ihr doch bitte sagen, wie sehr wir sie vermissen und noch immer lieben.

Tina brauchte eine Weile und was sie dann sagte, dass erstaunte mich doch sehr. Sie sagte, sie sollte uns von Omi ausrichten, wie sehr sie uns lieben würde und dass sie immer bei uns sei. Dann hat Mama zu Tina gesagt, dass sie sich freuen würde, dass Papa wieder eine Frau gefunden hat und wir sollten diese bitte akzeptieren, denn sie wollte nur, dass er endlich wieder glücklich sei. Ich war wirklich erstaunt, dass sie mir das so erzählte, weil sie die Frau ja nicht leiden mag. Ich weiß, wenn sie gelogen hätte oder wenn sie hätte lügen wollen, dann hätte sie mir mit Sicherheit etwas anderes erzählen können. Sie sagte auch, dass Mama ununterbrochen lächeln würde und als Tina zu ihr kam, hätte sie sofort gesagt, „da kommt ja meine Tine". Ich hatte schon fast vergessen, das meine Mutter Tina immer Tine rief. Das ist schon irre und irgendwie wusste ich nun auch, was ich zu tun hatte, nämlich diese Frau zu akzeptieren. Auf diesem Weg, liebe Marlene, möchte ich dir noch einmal von ganzem Herzen danken, dass du mich in meiner anfänglichen Trauer so gut begleitet hast und es ist so schön zu wissen, dass deine Aussagen sich genau mit den Wünschen meiner Mama decken.

Erlebnisse mit Engeln

Linda erzählte mir: Ich habe nie an Engel geglaubt, im Gegenteil, ich habe Menschen, die an Engel glauben immer ausgelacht. Aber ich wurde eines Besseren belehrt. Es war ein wunderschöner Sommertag. Ich hatte vor, meine Eltern zu besuchen, war aber keine gute Autofahrerin. Mich erfasste immer ein Gefühl von Panik, wenn ich von einem Lkw überholt wurde. Besonders, wenn ich die großen Reifen sah, überkam mich ein Angstgefühl. So war es auch an diesem Tag, die Sonne blendete mich, im letzten Moment sah ich einen großen Lastwagen auf mich zukommen. Vielleicht hätte es noch gereicht, an dem Fahrzeug vorbeizukommen, aber voller Schreck riss ich das Lenkrad meines Wagens nach rechts. Wie sich herausstellte, zu weit nach rechts, denn ich landete in einem See und das Fahrzeug versank langsam im Wasser. Ich weiß nicht mehr viel, aber an so viel kann ich mich noch ganz genau erinnern: Ich hatte das Gefühl, dass mir jemand den Kopf hielt, damit er nicht unter Wasser kam. Aber ich hatte keine Chance, mich aus dem Wagen zu befreien. Ich bin verloren, dachte ich, wenn jetzt keine Hilfe kommt und das Fahrzeug noch weiter versinkt. Nun konnte ich auch die Kälte des Wassers spüren. Aber die ganze Zeit hatte ich das Gefühl, ich würde von einer unsichtbaren Macht gehalten und beschützt. Als ich das spürte, wurde ich langsam ruhiger. Ich fing an zu beten und bat meinen Schutzengel, für mich da zu sein, ich würde auch nie mehr an seiner Existenz zweifeln. Ich weiß nicht mehr, wie lange ich im Wasser lag, aber als ich gerettet wurde, sagte der Feuerwehrmann: „Sie hatten einen besonderen Schutzengel, denn sie hatten nur noch einen Millimeter um zu atmen." Ich nickte nur und erzählte jedem, der es hören wollte, dass unser Engel uns immer hilft, wenn wir ihn rufen. Keinen Tag in meinem Leben vergesse ich dieses besondere Erlebnis mit meinem Engel. Sicher werde ich noch gebraucht.

Ruth kann sich noch ganz genau an den Tag erinnern, als wäre es erst gestern passiert. Das Erlebnis war der Auslöser, ihre Einstellung zu den Jenseitswelten zu verändern. Dieser Tag ereignete sich in den 60-iger Jahren. Mit ihrer Klasse machten sie damals eine Klassenfahrt. Für sieben Nächte sollte es nach England in eine Jugendherberge gehen. Um die Kosten so gering wie möglich zu halten, wurden keine Schlafwagen gebucht. Die Schülerinnen hatten sehr viel Freude während der Zugfahrt und waren bereits sehr aufgeregt, wie es wohl auf der Fähre sein würde. Sie hatten gehört, dass es vielen übel würde, wenn die See stürmisch war, und sie hofften, dass der Wettergott es gut mit ihnen meinte.

Ruth, ein frommes, fröhliches Mädchen betete bereits zu Gott, er möge die See besänftigen, denn sie hatte Angst vor dem Wasser. Die Mädchen suchten sich ein freies Plätzchen, um es sich ein wenig bequem zu machen und nicht lange, da waren die meisten von ihnen bereits eingeschlafen. Auch die Lehrkräfte schliefen erschöpft ein, denn die Mädels waren schwieriger zu hüten als ein Sack voller Flöhe.

Plötzlich stand Ruth wie schlaftrunken auf und wollte sich einen Weg zur Toilette bahnen. Was dann passiert ist, war ein Wunder, das sie nie mehr vergessen wird. Sie musste im Halbschlaf die Tür verwechselt haben. Anstatt die Türe zur Toilette zu öffnen, machte sie einen schwerwiegenden Fehler, sie verwechselte die Ausgangstüre mit der Toilettentüre. Nach mehrmaligen Versuchen und mit aller Kraft schaffte sie es irgendwie, die falsche Türe zu öffnen. Als sie dann von dem peitschenden Fahrtwind erfasst wurde, war sie ganz plötzlich hellwach. „Oh Gott", schrie sie, „jetzt muss ich sterben, bitte lieber Gott, hilf mir!" Mit letzter Kraft hielt sie sich an der Türe fest. „Wenn jetzt nicht ein Wunder geschieht, muss ich sterben", dachte sie. Doch das Wunder geschah: Ganz plötzlich, wie aus dem Nichts, streckte sich ihr eine Hand entgegen und zog sie in den Waggon des Zuges zurück. Ein großer, stattlicher Mann im Anzug stand da und lächelte sie an. Er hatte eine schwarze Hautfarbe und dunkelbraune, fast schwarze Augen, die auf sie eine ganz besondere Ausstrahlung ausübten. Sie mochte diesen Mann sofort, er hatte etwas ganz Liebes an sich. Dieser Mann hat ihr das Leben gerettet. Später, als es ihr wieder ein wenig besser ging, wollte sie sich bei dem unbekannten Mann bedanken, konnte ihn aber nicht mehr sehen. „Wo ist dieser Mann auf einmal?" fragte sich Ruth. „Ich muss ihn finden, ich möchte mich unbedingt bei ihm bedanken, ohne ihn würde ich jetzt nicht mehr leben!" Sie rannte durch den ganzen Zug, aber er war nirgends zu sehen. Sie weckte die anderen und erzählte ihnen von dem Vorfall. Sie bat ihre Freundinnen, ihr bei der Suche des dunkelhäutigen Mannes mit den wunderschönen Augen zu helfen. Da der Zug ja nicht ein einziges Mal angehalten hatte, musste er sich noch im Zug befinden. Aber ihr Retter war nicht mehr zu sehen. Plötzlich sagte ihre Freundin:

„Hast du das etwa nur geträumt? Wenn er eine schwarze Hautfarbe hat, dann kann man ihn doch nicht übersehen! Hier kann doch niemand verschwinden und wir haben in allen Abteilungen und sogar auf den Toiletten gesucht und niemanden gefunden!" Aber Ruth blieb dabei. „Dieser unauffindbare Fremde hat mir das Leben gerettet, wenn er nicht mehr da ist, dann muss er ein Engel gewesen sein. Engel müssen nicht immer blonde Locken und eine weiße Hautfarbe haben. Engel können auch dunkelhäutig sein." Ruth hat dieses Erlebnis nie mehr vergessen und glaubt seitdem an Engel.

Daniela hatte eine Reise zu ihrer Zwillingsschwester geplant. Dieses Jahr wollten sie ihren Geburtstag zusammen feiern. Es war für sie beide noch immer etwas ganz Besonderes, denn die Bindung der Zwillinge war sehr stark. Nun war es endlich so weit, voller Freude packte Daniela nach der Arbeit ihren Koffer und fuhr los. Eine arbeitsfreie Woche lag vor ihr. Aber die Fahrt von 300 Kilometern musste sie heute noch bewältigen. Plötzlich, Daniela fuhr gerade durch ein Waldgebiet, fing ihr Auto an zu stottern und kam schließlich am Straßenrand zum Stehen. „Oh Gott", rief Daniela, „ich habe ja in aller Hektik vergessen zu tanken. Wie komme ich nun an Benzin?" Ihr Handy hatte keinen Empfang, wie immer, wenn sie es dringend brauchte. „Na ja, nur nicht unterkriegen lassen", dachte sie, „dann muss ich mich wohl zu Fuß zum nächsten Ort aufmachen." Tapfer lief sie die unbeleuchtete Straße entlang in der Hoffnung, dass bald eine Tankstelle käme oder sie ein Autofahrer mitnehmen würde. Daniela ist keine ängstliche Person und machte sich auch keine Gedanken, dass ihr etwas passieren könnte. Aha, da kam ja schon ein Pkw. Daniela hob den Daumen und signalisierte, dass sie mitfahren möchte. Der Autofahrer stoppte sofort:

„Guten Abend, schönes Fräulein, kann ich ihnen helfen?" – „Oh ja, dass wäre nett, denn ohne Benzin kann mein Auto nicht fahren, würden Sie mich mitnehmen bis zur nächsten Tankstelle?" „Kein Problem, steigen Sie ein", sagte der Mann. Daniela stieg sorglos in seinen Wagen. Bei genauerem Hinsehen kam ihr der Kerl aber doch komisch vor. Er hatte zwar eine ganz nette Stimme, aber sein Aussehen war furchteinflößend. Seit sie eingestiegen war hatte er außerdem kein Wort mehr mit ihr gesprochen. Plötzlich konnte sie fühlen, dass sie in Gefahr war. Und tatsächlich, er fuhr nicht mehr den vorgegebenen Weg, er bog auf einen Feldweg ab. Daniela fing in ihrer Todesangst innerlich an, nach ihrem Engel zu rufen: „Bitte mein Schutzengel, bitte hilf mir, dieser Mann hat Schlimmes mit mir vor. Bitte mein Schutzengel, beschütze mich!" Der Mann stellte nun sein Fahrzeug ab und riss Daniela an sich. „Du dumme Kuh", sagte er, „was hast du denn erwartet, mitten in der Nacht und ganz alleine zu einem Mann ins Auto zu steigen? Dir werde ich es zeigen…" Schreien wird nichts bringen, dachte Daniela, denn weit und breit war niemand zu sehen, alles war dunkel. Tapfer und trotzig sagte sie zu ihm: „Ich bin nicht alleine!" – „Wer ist denn bei dir?", fragte er lachend. Sie sagte: „Mein Schutzengel ist bei mir." Wieder lachte der widerliche Typ: „Du bist nicht nur dämlich, du spinnst auch noch." Doch plötzlich ging die Autotüre auf und ein stämmiger Mann sagte: „Kann ich euch helfen, habt ihr euch verfahren?" Daniela sagte: „Würden Sie mich bitte begleiten, ich wollte gerade aussteigen." Der Mann nahm sie bei der Hand und führte sie zu einem nahegelegenen Haus. Er schien ihr Problem bereits zu kennen, denn er sagte: „Der Bauer kann Ihnen Benzin geben, denn er hat immer welches im Haus. Wir werden ihn fragen und dann bringe ich Sie wieder zu ihrem Auto zurück, dann können Sie heute Abend noch bei Ihrer Schwester sein." Aber ich hatte ihm doch gar nichts von meiner Schwester gesagt, dachte Daniela, der Fremde schien mich ja gut zu kennen. Und tatsächlich, der Bauer hatte einen Reservekanister mit Benzin. Sie wollte es zahlen, aber dieser winkte lachend ab.

Der nette Mann, der sie aus der schlimmen Situation befreit hatte, brachte sie zu ihrem Auto zurück und füllte ihr noch den Tank mit dem Reservekanister. Daniela bedankte sich ganz herzlich bei ihm: „Ohne Sie würde ich jetzt vielleicht nicht mehr leben." – „Dazu bin ich ja da", meinte er lächelnd. „Gute Fahrt!" rief er ihr noch nach. Daniela schaute noch einmal zurück, um ihm noch einmal zum Abschied zuzuwinken. Aber sie konnte den Mann nicht mehr sehen. Er war ganz plötzlich verschwunden. War er der Engel, den ich in meiner Not gerufen hatte? fragte sich Daniela ganz laut und sie dankte ihrem Schutzengel für die wunderbare Hilfe.

Ich liebe dich!

Es sind nur drei Worte, aber sie sind voller Magie. Die drei Wörter „Ich liebe dich!" können Leben retten, Freude schenken, glücklich machen, gesund machen, Selbstbewusstsein verleihen, die Welt verändern. Wann haben Sie diese magischen drei Wörter zum letzen Mal gesagt? Ihren Kindern, Ihrem Partner, Ihren Eltern, Ihrem Freund, oder Ihrer Freundin? Sie sind so wichtig für unsere Welt und für uns Menschen. Ich sage immer, diese Worte können uns Flügel verleihen. Unsere Arbeit kann viel besser gemacht werden, wenn wir wissen, dass wir geliebt werden, auch wenn wir am Arbeitsplatz nicht so besonders glücklich sind. Versäumen Sie es nicht, diese Worte den Menschen zu sagen die Sie lieben, auch wenn es manchmal nicht so einfach ist, besonders den Männern auf dieser Welt fällt das oft unsagbar schwer!

Marion hatte immer ein sehr gutes Verhältnis zu ihren Eltern, aber Zuneigung und Gefühle austauschen kam in ihrer Familie nicht vor. Sie kann sich nicht erinnern, dass irgendjemand einmal gesagt hätte „Ich liebe dich". Sie hat jedoch nie etwas vermisst, denn sie kannte es ja nicht anders. Ihre Einstellung zu Gefühlen änderte sich erst an dem Tag, als sie einen Anruf von ihrer Mutter erhielt, indem sie ihr mitteilte, dass ihr Vater unheilbar an Krebs erkrankt sei. Plötzlich hatte Marion das Gefühl, sie müsse sofort zu ihm fahren, um ihm mitzuteilen, wie sehr sie ihn liebt. Ist es nun bereits zu spät? fragte sie sich. Die Mutter berichtete ihr, dass er sich einer Chemotherapie unterziehen müsse. Marion nahm sich Urlaub, um ihre Eltern zu besuchen. Als sie ihren Vater sah, war sie entsetzt. Ihr sonst so starker Vater sah so zerbrechlich aus, sie musste ihre Tränen unterdrücken, um ihm ihre Gefühle nicht zu zeigen. Aber ganz plötzlich brach es aus ihr heraus, sie nahm seinen zerbrechlichen Körper in ihren Arm und sie sagte die Worte, die ihr immer so fremd gewesen waren: „Papa, ich liebe dich!" Ihr geliebter Papa, der erst 63 Jahre alt war, sah aus wie ein hochbetagter Greis. Wenn man sein Alter nicht kennen würde, hätte man ihn auf mindestens 85 Jahre geschätzt. In ihrem unendlichen Schmerz ging sie auf ihre Mutter zu, nahm auch sie in den Arm und sagte auch zu ihr, „Mama, ich liebe dich!" Diese schubste sie jedoch ein wenig unsanft zurück, denn Gefühle zu zeigen war ihrer Mutter fremd. Marion fühlte sich gekränkt und fragte: „Mama, liebst du mich nicht?" – „Du weißt doch, dass ich dich liebe, das muss ich dir doch nicht sagen." Aber Marion wollte nicht aufgeben, obwohl es in ihrer Familie scheinbar normal war, Gefühle zu unterdrücken. Das muss sich nun ändern, dachte sie, denn wer weiß, wie lange wir noch zusammen sind. Immer hatte sie ihre Freundin beneidet, die ganz normal mit diesen drei Worten umging. Zum Beispiel bei jedem Telefonat mit ihren Eltern sagte sie zum Abschied: „Mama, ich liebe dich"! Bei ihr war das anders. Aber Marion wollte das in ihrer Familie so nicht mehr hinnehmen, denn diese drei Worte, aus dem Mund ihrer Eltern gesprochen, bedeuteten ihr ungeheuer viel.

Marion musste wieder abreisen und es fiel ihr furchtbar schwer, sich von ihren Eltern zu trennen. Würde sie ihren geliebten Papa wieder sehen? fragte sie sich beim Abschied. Sie nahm ihn noch einmal in die Arme und sagte: „Papa, ich liebe dich!" Er schaute sie nur mit traurigen Augen an und entgegnete nichts. Beim nächsten Telefonat mit ihrer Mutter sagte Marion wieder: „Mama, ich habe dich lieb, liebst du mich auch?" Am anderen Ende der Leitung blieb es still, dann plötzlich sagte die Mutter laut und barsch: „Das weißt du doch, frage mich doch nicht immer so ein

Zeug!" Aber Marion konnte sich nicht daran erinnern, dass ihre Mutter ihr jemals gesagt hätte, dass sie von ihr geliebt wird. Ihre ganze Kindheit verlief ohne Liebe. Marion sagte deshalb zu ihrer Mama: „Ich bestehe darauf, dass wir uns das ab sofort immer sagen". Widerwillig erklärte sich die Mutter bereit. Und bereits nach einigen Monaten konnte Marion feststellen, dass diese drei Worte ihrer Mutter und ihr immer einfacher über die Lippen gingen. Letztendlich konnten sie es sich kaum noch vorstellen, einen Anruf ohne diese drei Worte zu beenden. Sie fühlten sich näher denn je und mit dem Gefühl, geliebt zu werden, verliefen die Tage viel glücklicher. Ihre Mama schickte ihr nun auch Karten, auf denen „Ich liebe dich!" stand. Marions Papa hat sich nach seiner Chemotherapie wieder sehr gut erholt. Leider hat Marion durch die schwere Krankheit ihres Vaters übersehen, dass es nun ihrer Mama nicht mehr gut ging. Nachdem ihre Mutter einen Arzt besucht hatte, klingelte bei Marion das Telefon. Sie sagte: „Kind ich liebe dich!" Du musst jetzt aber ganz stark sein, denn ich habe eine unheilbare Krankheit, Krebs, nur fünf Prozent ist meine Überlebenschance. Der Stress und der Kampf um Papas Leben hat mich ein wenig blind gemacht für meine eigenen Wehwehchen." Marions Mama kam ins Krankenhaus, denn ihr Zustand hatte sich rapide verschlechtert, sie würde diese Nacht nicht überleben. Da sie nicht rechtzeitig bei ihr sein konnte, bat sie die Krankenschwester am Telefon, ihrer Mama den Hörer ans Ohr zu halten, Marion wollte unbedingt noch einmal mit ihr reden. „Sie ist aber nicht mehr bei Bewusstsein", erwiderte die Krankenschwester, „sie wird sicher nicht mehr verstehen, was Sie ihr sagen wollen." – „Das ist mir ganz egal", sagte Marion, „ich möchte nur noch einmal mit meiner Mama reden." Also legte die Krankenschwester ihrer Mutter den Hörer ans Ohr. Marion fing an zu schluchzen und sagte immer wieder: „Mama, ich liebe dich, Mama ich liebe dich!" Plötzlich hörte Marion ihre Mama sagen: „Ich dich auch, mein Schatz!" Es waren die schönsten Abschiedsworte, die ihre Mutter ihr hatte sagen können. Kurz darauf schlief ihre Mama für immer ein. Der Vater war an ihrer Seite. Immer war sie für Papa da, weil er in den Jahren davor der Schwächere war und nun hat er sie im Tod begleitet.

Leider ist Marions Papa ein paar Jahre später wieder an Krebs erkrankt, aber die letzten Worte beim Abschied werden wieder sein: „Ich liebe dich!"

Ist es nicht erstaunlich was diese drei Worte im Leben der Menschen bewirken! Warum nehmen wir uns nicht öfter in den Arm und sagen diese magischen drei Worte. Ich erinnere mich daran, dass jedes Mal, wenn jemand zu mir diese Worte sagte, ich richtig fühlen konnte, wie mein Herz aufging. An diesen Tagen fühlte ich mich wunderbar, nichts und niemand konnte mir etwas anhaben. Ich fühlte mich glücklich und gesund und ich konnte diese Liebe, die man mir entgegenbrachte, auch an andere Menschen weitergeben. In Form von guten Worten, guten Taten, meine ganze Ausstrahlung war positiv. Aber in den letzten Jahren sind auch bei mir diese drei Worte ein wenig abhanden gekommen. Meine Kinder sind erwachsen und aus dem Haus, meinen Partner kenne ich bereits 22 Jahre. Und Männer haben ganz offensichtlich ein großes Problem mit diesen drei Worten. Viele sagen, „er/sie sagt es nicht, warum soll ich es dann sagen?"

Als ich im Winter meine Freundin in Spanien besuchte, war auch ihr kleiner Enkelsohn dort. Er schlang seine kleinen Ärmchen um den Hals seiner Omi, küsste sie und sagte immer wieder: „Minna, ich liebe dich!" Ich fand das so schön, dass mir die Tränen in den Augen standen. Er fragte: „Marlene, warum weinst du denn?" Ich sagte zu ihm, weil so etwas Schönes, wie du zu deiner Omi sagtest, schon lange niemand mehr zu mir gesagt hat." Alex, er ist sieben Jahre alt, schaute mich ganz entsetzt an und sagte: „Aber ich liebe dich doch auch!" Am nächsten Tag erzählte meine Freundin Jaqueline: „Marlene, Alex war furchtbar traurig, er hat mich immer wieder gefragt, ob es denn wirklich niemanden in deinem Leben gäbe, der diese Worte zu dir sagt." Einen Tag später bekam ich einen wunderbaren Brief von Alex. Er ist ja erst sieben Jahre alt und spricht hauptsächlich Spanisch und er wusste, ich spreche nur Deutsch und Französisch. Seine Omi hatte Alex gefragt, was er da schreibt und er hatte geantwortet, „ich schreibe einen Brief für Marlene, aber es ist sehr schwer, denn ich muss ihn ja auf Französisch schreiben." Es kam dann ein Brief aus Spanisch und Französisch heraus mit einem Bild, das er extra für mich gemalt hat. Es hat mich unheimlich glücklich gemacht, dass sich so ein kleines Kerlchen Gedanken über andere Menschen macht und auch gleich reagiert. Er schrieb in seinem Brief: „Marlene, ich liebe dich".

Dieses Erlebnis hat mich so glücklich gemacht, dass ich es in diesem Buch erwähnen wollte. Sagen Sie immer zu den Menschen, die Ihnen wichtig sind „Ich liebe dich!" Es könnte einmal der Tag kommen, da ist es zu spät und man wird es bereuen. Auch ich denke oft darüber nach, wie gerne ich meinem Vater vor seinem Tod gesagt hätte, dass ich ihn liebe. Aber diese Worte sind nie über meine Lippen gekommen. Jetzt, wo er tot ist, sage ich es jeden Tag. Es ist nie zu spät, aber auch nie zu früh!

Adrian geht es gut

Immer wieder frage ich nach Adrian, ob er nach seiner schweren Krankheit Leukämie wieder ganz gesund wurde. Ich habe in dem Buch „Engel und die Jenseitigen lieben uns" über seine Krankheit und meine Erlebnisse mit dem Engel Raphael berichtet. Der Engel hatte mir auf telephatischem Weg mitgeteilt, dass Adrian wieder gesund wird. Hier ein Brief seines Vaters an mich.

Adrians Papa schrieb:
Adrian geht es sehr gut. Er lernt wieder fleißig in der Schule und ist auch seit letzter Woche wieder im Ringertraining. Ebenfalls letzte Woche wurden alle Medikamente abgesetzt, da sein Blutbild und die letzte Knochenmarkkontrolle tadellos sind. Wir sind darüber natürlich überglücklich. Wir waren bis vor zwei Wochen in Adrians Wunschurlaub in Florida. Er wollte unbedingt ins Spaceshuttle. Der Verein Herzenswünsche e.V. hat es ihm und der ganzen Familie ermöglicht, diesen Traum wahr werden zu lassen. Trotz der unerträglichen Hitze war es wunderschön. Meine Frau hat das Buch gelesen und bedankt sich nochmals sehr dafür. Es wurde uns sogleich aus den Händen gerissen, von Frau O., die für Adrian die Spendersuche in Lahr leitete. Ich habe bestimmt danach die Möglichkeit, darin zu schmökern.

Ich kann Ihnen gar nicht sagen, wie glücklich ich darüber bin, dass alles genauso eingetroffen ist, wie der Engel Raphael es mir übermittelt hatte.

Sagen Sie danke

Chris war ein Wunderkind mit überragendem Potenzial, aber eine Reihe unglücklicher Umstände ließen ihn zu einem Obdachlosen mit einem Kleinkind werden. Seine Lebensgeschichte wird in dem Blockbuster Film „Das Streben nach Glück" mit Will Smith in der Hauptrolle erzählt. Heute ist Chris der Generaldirektor der „Gardner and Rich Company", einer Multimillionen Dollar großen Maklerfirma mit Filialen in New York, Chicago und San Francisco. Chris schreibt die Überwindung seiner Schwierigkeiten und seinen Erfolg seinem tiefen Glauben an Jesus Christus zu. Er wuchs als Pflegekind ohne Vater auf, es war so furchtbar für ihn, dass er damals beschloss, dass seine Kinder niemals zu Pflegeeltern kommen sollten. Er wollte, dass seine Kinder immer wissen, wer ihr Vater ist. Er wollte den Kreislauf der Männer durchbrechen, die nicht für ihre Kinder da sind, denn es gibt viel zu viele Kinder, die in der heutigen Zeit ohne ihren Vater aufwachsen müssen. Er suchte deshalb eine Arbeit für sich, bei der er nicht so früh aufstehen musste und Zeit für sein Kind hätte. Das Einzige, was für ihn in Frage kam, war, an der Börse zu arbeiten. Bei jeder Gelegenheit sagte er: „Vergiss das Geld. Finde die eine Sache, die dich so begeistert, dass du morgens gerne dafür aufstehst und sei mutig genug, sie anzupacken. Aber vergiss das Geld." Bevor er an die Wall Street kam, war Chris obdachlos. „Aber wie kommt man aus der Obdachlosigkeit an die Wall Street?", wurde er ständig von den Leuten gefragt. Chris antwortete ihnen: „Ich habe die eine Sache gefunden, die meine Leidenschaft mehr geweckt hat, als alles andere auf der Welt. Und ich habe als junger Mann die Entscheidung gefällt, dass ich in irgend etwas Weltklasse sein will. Ich wusste nicht, was das sein könnte. Aber als ich das erste Mal auf dem

Parkett an der Wall Street stand, wusste ich, das ist mein Platz. Meine Mutter hatte mir gesagt, ich würde eines Tages diesen bestimmten Ort finden und das war er. In dem Augenblick als ich ihn fand, wusste ich, hier soll ich sein. Aber es war ein langer und auch steiniger Weg dorthin! Vor allem als Obdachloser mit einem Sohn."

Es gibt mittlerweile viele Menschen auf der Welt, die obdachlos sind und man weiß nichts davon. Man schätzt, dass etwa 12 Prozent der Obdachlosen in den USA einen Arbeitsplatz haben und täglich zur Arbeit gehen, ohne dass jemand weiß, dass sie gar keinen Wohnsitz haben. An einigen Orten liegt diese Zahl sogar bei 30 Prozent.

Hier ein Erlebnis aus dem Filmdreh: Eines Tages wurden 250 Obdachlose als Statisten für einen Film engagiert. Danach kam ein Ehepaar auf der Straße auf Chris zu und sagte: „Wir wollen ihnen danken. Wir arbeiten beide und haben ein halbes Jahr auf der Strasse gelebt. Uns fehlten nur 500 Dollar als Kaution für ein Haus. Die haben wir durch diesen Film verdient. Wenn man darüber nachdenkt: Allein 60 Millionen Dollar wurden für die Produktion dieses Films ausgegeben. Davon haben 500 Dollar eine Familie von der Straße weggebracht. Das sagt etwas darüber aus, wie viel Menschen heute wert sind. Auch Chris war einmal von so viel Dunkelheit umgeben, aber er wählte das Licht, er ließ Gott in sein Leben. Er wählte Gott, aber er hätte auch wie sein Stiefvater werden können. Er hätte zu einem weiteren Alkoholiker, Frauen- und Kinderschläger und analphabetischen Verlierer werden können. Aber er entschied sich, das Licht aufzunehmen, dass er immer in seiner Mutter sah. Er fühlte immer, dass Jesus Christus bei ihm war, auch als er mit seinem Sohn auf der Strasse lebte. Aber es ist schwerer, Gott an der Wall Street zu finden, als auf der Strasse. Und Gott war oft eine starke Waffe für ihn. Nicht zum Schlechten sondern auf jeden Fall nur zum Guten.

Heute kümmert Chris sich selbst um die Obdachlosen.

Besonders die 12 bis 30 Prozent der obdachlosen Bevölkerung, die arbeiten gehen und Familien haben. Er beschäftige sich sehr damit, wie er diesen Leuten helfen kann. Jeden Abend legen sich über 100.000 ehemalige Soldaten irgendwo auf der Strasse zum Schlafen oder sie müssen in eine Notunterkunft gehen. Es gibt Kinder, leider sind es über eine halbe Million unter fünf Jahren, die heute Nacht auf der Strasse oder in Notunterkünften schlafen werden. Man kann sich Obdachlose ansehen und sagen: „Such dir doch eine Arbeit" oder: „Selbst schuld". Aber was sagt man den 500.000 Kindern? Was haben Sie getan? Das haben sich diese Kinder nicht ausgesucht. Gott hat uns Menschen auf dem Planeten Erde einen Verstand gegeben. Er hat uns ein Herz gegeben, das empfindet, ein Gedächtnis, das Erinnerungen speichert und sie hervorholen kann. Ich glaube, die meisten von Ihnen, die Gott so wie ich kennen, würden sagen, Gott führt uns durch gute und schlechte Zeiten, durch Schmerzen und Schwierigkeiten. Er begleitet uns durch Tränen und Freuden. Wenn wir beten, kommen uns Ideen in den Sinn, um die wir Gott nicht gebeten haben. Er hat die Ideen, die er uns gibt, ausgesucht, ohne uns vorher zu fragen. Gott führt uns. Während er uns führt, verschließen sich manche Türen. Gott hat geplant, uns an diesen Punkt zu führen. Jetzt öffnet er andere Türen und wir werden erleben, dass er uns weiterhin gute Ideen und Gedanken schenkt. Er ist ein positiver, ein guter und barmherziger Gott. Wir müssen seine Führung suchen, in allem, was wir tun. Welchen

Bildungsweg wir auch einschlagen, ob es die Hochschule, Universität oder andere Schulen sind. Beten Sie. Vielleicht fühlen einige Gott nicht, wenn sie beten, vielleicht hören Sie nichts, wenn Sie beten, aber Sie werden überrascht sein, über die Ideen, die Ihnen vielleicht heute oder morgen oder in einigen Jahren in den Sinn kommen. Aber halten Sie Ausschau danach, wo Gott in Ihrem Leben am Werk ist und in Ihrer Persönlichkeit. Gott führt uns. Gott versorgt uns. Wie er das macht? Er macht es durch uns.

Ein Bericht von Dr. Robert Schuller: Gründer von „Hour of Power"

Asa Skinner ist ein sehr intelligenter, gebildeter Wissenschaftler und Geschäftsmann. Er war sehr erfolgreich, bis er einen Unfall hatte und sich einer Gehirnoperation unterziehen musste. Als er aus dem Krankenhaus entlassen wurde, rief seine Frau bei mir an und sagte, „Robert, Asa kommt heute aus dem Krankenhaus nach Hause." – „Gut", sagte ich, „wann soll ich vorbei kommen?" Sie sagte, „wenn Sie es schaffen, Herr Schuller, dann können Sie gegen 16 Uhr zu uns kommen. Mein Mann würde Sie liebend gerne sehen." Als ich gegen 16 Uhr ankam, konnte ich Asa nicht sehen, er war nicht im Haus. Seine Frau meinte: „Oh, Asa ist draußen, das Wetter ist so schön, da habe ich ihm einen Stuhl rausgestellt. Ich weiß nicht, was er macht, aber er ist seit Stunden im Garten mit dem Fernglas". Ich fragte: „Mit einem Fernglas? Es gibt doch nichts zu sehen außer Ihrem Gartenzaun und den des Nachbarn." Sie sagte: „Ich habe keine Ahnung. Das habe ich auch gesagt, da draußen gibt es doch nichts." Ich ging also nach draußen. Asa sah noch immer durch das Fernglas. Ich sagte: „Asa, ich bin's, Robert Schuller, Hallo." Ohne das Fernglas herunterzunehmen sagte er: „Danke fürs Kommen.

Schuller, ich kann nicht glauben, was für eine Welt da draußen ist. Wissen Sie, ich habe noch nie in meinem Leben mit einem Fernglas auf meiner Terrasse gesessen. Das sollte jeder einmal machen. Hier zeigt sich eine phänomenale Welt. Hier gibt es Käfer, die ich nie zuvor gesehen habe, ich schätze, sie waren schon immer da. Natürlich auch die Ameisen und Insekten und einige klitzekleine Würmer. Was machen die hier? Und die vielen Vögel. Sie werden nicht glauben, was es hier für Vogelarten gibt. Ich glaube keiner in der Stadt weiß, dass sie hier leben." Er redete immer weiter mit dem Fernglas vor den Augen. Völlig eingenommen wovon? Dem Gott, der die Insekten und Vögel und alle Lebensformen und Pflanzen geschaffen hat? Alle diese Lebensformen sind sehr wichtig, wie wir wissen. Sie leisten alle ihren Beitrag. Vielleicht nur in der Nahrungskette. Aber sie sind da und dienen einem Zweck. Je mehr man danach Ausschau hält, umso mehr entdeckt man Gottes Wirken um sich herum und überall auf der Welt. Gott bleibt uns immer treu. Er führt und er versorgt uns.

In unserer Küche, gibt es eine Ecke, sagte Dr. Schuller, die verglast ist. Sie zeigt in unseren Garten und wir genießen den Ausblick. Vor vielen Jahren schickte mir mein Bruder ein Geschenk. Ein kleines Vogelhäuschen. Die Dorfkirche, in der wir beide aufwuchsen, hatte eine alte Scheune. Über hundert Jahre alt. Dort stellten die Leute ihre Pferde ab, wenn sie zur Kirche kamen. Dann wurde entschieden, dass eher ein Parkplatz für die Autos als eine Pferdescheune gebraucht würde. Man riss die alte Scheune ab und warf sie weg. Mein Bruder Henry ging hin und holte ein paar von den alten Brettern. Sie sind über 100 Jahre alt. Das Alter zeigt sich und macht sie wirklich schön. Er bastelte ein Vogelhäuschen daraus und schickte es mir. So kamen wir zu unserem

Vogelhaus. Ein hübsches kleines Vogelhäuschen mit einem kleinen Loch darin und einem kleinen Stab, auf dem die Vögel sitzen können. Was machen wir mit einem Vogelhäuschen? Direkt vor unserem Fenster steht ein großer Holzpfosten, an dem auch eine Glocke befestigt ist. Ich sagte also zu meiner Frau, „wir nageln es dort an." Das Vogelhäuschen ist jetzt gerade mal einen Meter von unserem Küchentisch entfernt. Vielleicht haben die Vögel es deshalb nie benutzt. Es blieb unberührt. Ich sagte, „falls es einen Vogel gibt, der in dieses Loch passt, wie soll er es denn jemals finden?" So verging Jahr um Jahr bis zu dem Tag, als meine Frau plötzlich rief: „Da ist ein Vogel. Ein Vogel im Vogelhaus!" Er hatte es gefunden und konnte in das Loch kriechen. Dann folgte ihm ein weiterer. Die beiden lebten eine Weile dort. Sie flogen raus und holten von irgendwoher ihr Futter. Es war phänomenal. Dann kam der Tag, an dem wir feststellten, dass es neues Leben gab in dem Vogelhäuschen. Die Eltern der Jungen waren ausgeflogen und wir konnten fühlen, dass sich drinnen etwas bewegte. Ich kann Ihnen gar nicht sagen, wie das über die letzten drei Monate mein Leben bereicherte. Ich habe eine Menge erlebt, aber noch nie und nirgends zuvor habe ich es beobachten können, wie Vögel ein Nest bauen, Eier legen und sie ausbrühten und schließlich habe ich gesehen, wie die Jungen ausschlüpfen. Als ich dann einmal nach Hause kam, sagte meine Frau: „Schlechte Nachrichten". Ein Vogelbaby war aus dem Vogelhäuschen gefallen, ich konnte einfach nicht mit ansehen, wie es da lag. Also habe ich es wieder in das Haus zurückgesetzt. Ein paar Tage später ging es ihm wieder gut. Beide Vogelbabys haben gemeinsam ihre Köpfchen aus dem kleinen Vogelhäuschen gestreckt. Es ist zwar eine enge Angelegenheit, aber beide wollten sofort das Futter haben, das die Vogelmutter brachte. Es ist ständig etwas los. Aber was ich darin gesehen habe ist

Gott. Gott ist überall. In der Natur, der Tierwelt und am allermeisten in uns. Sehen Sie sich an. Sie sind viel wichtiger als ein Vogel hat Jesus gesagt. „Ihr seid wertvoller als ein Spatz." Übrigens, der Vogel, den wir entdeckt haben, ist ein Zaunkönig.

Gott beschützt Sie. Mehr als Sie und ich es je wissen werden, werden wir geliebt und beschützt. Die Welt, in der wir leben, bombardiert uns mit Ideen, die wir hören und sehen. Gott versteckt uns vor einer Menge böser Dinge. Sie sagen, „was ich alles durchgemacht habe". Was Sie nicht wissen ist, was Sie alles NICHT durchgemacht haben durch Gottes Gnade.

Eine der schlimmsten Tragödien in der Geschichte der großen Seefahrt war der Untergang der „Lady Elgin". Es passierte am 8. September 1860. Es war ein riesiges Schiff, eigentlich ein Schaufelraddampfer, das unterwegs war von Chicago nach Wisconsin. Unglücklicherweise gab es einen Zusammenstoß mit einem anderen Schiff, bei dem das Boot auf einer Seite so stark leck schlug, dass es nicht mehr zu retten war. Der Kapitän versuchte, mit dem Schiff noch ans Ufer zu kommen aber es gelang leider nicht. Bevor sie in die Nähe des Ufers kamen, waren bereits viele Menschen ums Leben gekommen. Nachdem sich einige noch über Wasser halten konnten und auf Rettung warteten, machte sich ein junger Mann auf den Weg, um zu helfen. Er hatte von der Tragödie gehört. Er war einer der besten Schwimmer an der „Northwestern University". Schnell zog er sich um und schwamm hinaus, um Leben zu retten. Er schwamm eine Meile, griff sich jemanden und schwamm mit ihm zum Ufer. Dann wandte er sich um und machte das gleiche noch einmal. Es heißt er hätte auf diese Weise 18 Menschen an diesem Tag gerettet. Danach hörte er auf. Auch wenn es noch mehr Leute zu retten gab, er war so erschöpft, er konnte nicht mehr, er hatte alles gegeben. Er lag dort am Strand und sagte immer wieder zu sich selbst, „ich weiß, ich hätte noch einigen Menschen das Leben retten können." Dieser Mann konnte von diesem Tag an nicht mehr gehen. Warum, wissen wir nicht. Ich kenne nicht die ganze Geschichte, aber wir wissen, dass er sich nie wieder von der Erschöpfung erholte, die es ihn gekostet hatte, diese 18 Leute zu retten. Er opferte seine Gesundheit und sein Leben für 18 Menschen, denen er nie zuvor im Leben begegnet war. Nachdem er sie gerettet hatte, verbrachte er den Rest seines Lebens im Rollstuhl. Er starb im Alter von 83 Jahren und als man ihn über die Rettung dieser 18 Leute befragte, meinte er: „Eines der bemerkenswertesten Dinge über diesen Tag und die Ereignisse danach ist, dass von den 18 Leuten, die ich gerettet habe, sich kein einziger jemals bei mir bedankt hat." Achtzehn Menschen gerettet und keiner dankte! Wer die Northwestern University besucht, kann dort in der Turnhalle eine Gedenktafel sehen, auf der steht, dass er dort bei der Einrichtung eines Lebensrettungsprogramms mitgewirkt hat. Sein Name ist Edward Spencer.

Dieser Bericht war mir sehr wichtig, ich habe ihn an einem Sonntagmorgen bei einer Predigt von Dr. Robert Schuller gehört. Ich war entsetzt und konnte es nicht fassen, dass ein Mensch 18 Menschen das Leben rettet, selbst krank wird und sich niemand bei ihm für die Rettung bedankt hat. Ein Leben ist so wertvoll. Gott hat diesen Menschen diesen Mann geschickt, damit er sie rettet. Aber deren Rettung war sein Verderben. Es erinnerte mich irgendwie an unser Verhältnis zu Gott. Gott gab uns das Leben, aber haben wir uns jemals für unser Leben bedankt? Haben wir uns bedankt für das, was wir haben, für unsere Freunde, unsere Gesundheit, unsere Kinder, unsere Arbeit?

Meine Mutter hadert in letzter Zeit oft mit ihrem Schicksal, weil sie krank ist. Wenn sie mit mir redet, höre ich kein fröhliches, glückliches Wort. Ich sage ihr immer. „Du bekommst das, was du sprichst. Redest du nur von Krankheiten, bekommst du noch mehr Krankheiten." Selbst wenn ich ihr von Menschen berichte, die das Leben furchtbar gestraft hat, sieht sie nur ihr eigenes Ich. Es gibt in jedem Leben Dinge, die schön sind. Zum Beispiel, dass ich immer bei meiner Mutter bin und auf sie aufpasse, für sie koche, für sie einkaufe usw. So viele Menschen sind einsam, und wären glücklich, wenn man sich so um sie kümmern würde. Mein Leben geht an mir vorbei. Oft denke ich auch, wie gerne würde ich jetzt dies oder das tun. Ich werde oft eingeladen, Vorträge zu halten – und ich sage ab, weil ich niemanden für meine Mutter habe. Ich muss dazu sagen, sie will auch keine fremden Leute um sich herum. Seit vier Jahren bin ich fast nur bei meiner Mutter. Ich würde mich freuen, auch einmal ein gutes Wort von ihr zu hören, aber ich denke, ich kann es nicht von ihr verlangen, denn sie ist nun 81 Jahre alt und fast nur noch mit ihrer eigenen Person beschäftigt. Das ist natürlich auch ein Teil ihres Krankheitsbildes „Parkinson" und sie meint es nicht böse. Im Grunde ist meine Mutter eine wunderbare Frau mit einem ganz großen Herzen und ich habe sie sehr lieb und möchte auch noch viele Jahre mit ihr zusammen verbringen.

Deshalb dieser Bericht von Dr. Schuller: Sagen Sie Danke, denn es gibt so viele Menschen, die immer nur negativ eingestellt sind – auch ohne krank zu sein.

Leserbriefe:

Sabina schrieb:
Liebe Marlene, momentan bin ich etwas durcheinander. Ich war doch auf dieser Esoterikmesse, vielmehr, ich wurde bewusst dorthin gesteuert, und da lernte ich eine Frau kennen, die heilen kann und channelt. Man konnte eine Sitzung bei ihr buchen. Ich machte eine kurze Sitzung zum Kennen lernen und es hat mich ziemlich beeindruckt. Sie berichtete von Dingen, die sie nicht wissen konnte über mich, aus diesem Leben und aus den Parallelwelten (oder wie soll ich dazu sagen) und in vielem fand ich mich wieder. Die Frau wohnt in der Nähe der Grenze und sie sagte, wenn ich mehr wissen will, soll ich sie besuchen kommen und das werde ich bald tun. Das Unglück meiner Kinder hat gewaltig etwas bei mir bewegt. Meine Tochter fehlt mir noch immer sehr, aber ich denke sie und auch die Engel sind jetzt damit beschäftigt, mich auf einen bestimmten Weg zu bringen und ich lasse mich gerne leiten. Es hilft mir auch, mit meinem Sohn anders umzugehen. Ich habe in letzter Zeit viel über Engel gelesen und es ist wunderschön. Jetzt denke ich, kann ich dich auch besser verstehen. Auf dieser Messe war übrigens eine Frau, die Engelbilder malt und sie hatte ein sehr großes Bild in Öl gemalt, darauf war ein Engel mit langen Haaren auf einem Pferd sitzend zu sehen. Es ist wunderschön, der Engel sieht genauso aus, wie meine Tochter! Eigentlich hat es mich umgehauen. Ich sagte das der Malerin, aber jetzt habe ich das Geld und ich werde es kaufen. Ich werde dir ein Foto schicken. Ich habe nach Jahren wieder angefangen zu meditieren und es kehrt wieder meine innere Ruhe ein, die ich bis jetzt sehr vermisst habe. Ich bin meiner Tochter, den Engeln und allen anderen sehr dankbar dafür, dass ich dich kennen gelernt habe. Es war damals genau zur richtigen Zeit!

Sabina ist die Frau, über die ich in dem Buch „Phänomene und Kraft aus dem Jenseits" berichtet hatte. Sie hatte ihr Kind Katharina bei einem Autounfall verloren. Ihr Sohn hatte das Fahrzeug gesteuert. Es war ein furchtbarer Schock für sie. Ich bin mir ganz sicher, Engel und Verstorbene begleiten uns durchs Leben und geben uns auch die Kraft, weiter zu machen. Sie umgeben uns mit all ihrer Liebe und verleihen uns die Stärke, das furchtbare Geschehen zu verarbeiten und auszuhalten. Wir brauchen sie nur zu rufen, sie sind in Sekundenschnelle bei uns und für uns da.

Michaela schrieb:
Wie heißt es so schön? Gut Ding will Weile haben... Dann warten wir halt noch ein wenig auf dein neues Buch. Gestern Abend bin ich von dem Kurztrip mit meiner Schwester und den Kindern zurückgekommen. War echt anstrengend mit vier kleinen Kindern, darunter zwei Babys von einem Jahr. An einem schönen Tag bin ich mit Jana durch das Watt gewandert und habe mir etwas Zeit für sie genommen. Sie ist ein Kind, das sehr viel Liebe braucht, muss aber immer etwas zurückstecken, weil da die Kleinen sind, die dauernd Aufmerksamkeit brauchen. Jedenfalls bin ich mit ihr alleine losgezogen und urplötzlich fing sie wieder von der Oma an zu reden. Sie sagte, dass auch Oma mit uns an der Nordsee sei und dass sie uns von ganzem Herzen liebt. Sie würde auf uns aufpassen und wäre sehr glücklich. Jana sagte, die Oma würde ständig strahlen und sie sähe viel jünger aus als wir sie in Erinnerung hätten. Sie sagte mir, dass sie sich oft nicht traut, von der Oma zu berichten, weil sie Angst hat, dass sie plötzlich nicht mehr da ist und auf sie wartet. Jedenfalls wäre sie sehr glücklich darüber, dass wir alle zusammen Urlaub machen würden.

Gestern hat es dann Dauerregen gegeben und deshalb sind wir einen Tag früher abgereist. Auf der Autobahn lotste uns plötzlich das Navigationsgerät von der normalen Strecke herunter. Ich wusste gar nicht, was los war, bin aber dann so gefahren, wie es mir das Gerät gedeutet hatte. Das war mir noch nie passiert. Wir sind dann stundenlang durch die eigenartigsten Orte gefahren und es war sehr spät, als wir wieder zu Hause ankamen. Mein Mann hatte sich bereits große Sorgen gemacht und erzählte mir später, dass auf unserer Strecke ein schwerer Unfall passiert sei und alles stundenlang gesperrt war. Schicksal? Hilfe von oben? Ich weiß es nicht!

Meine Schwester erzählte mir heute Morgen, dass sie heute Nacht wach geworden sei und sich immer gewundert hat, dass es in ihrem Schlafzimmer so leuchtet. Es war ein Glühwürmchen, welches sich auf dein Buch gesetzt hatte, und das mitten in der Nacht. Eigenartig, denn mein Sohn hatte an demselben Abend auch ein Glühwürmchen draußen gesehen und hat es mir ganz stolz präsentiert. War das vielleicht wieder ein Zeichen von Mama?

Morgen haben wir wieder einen Termin bei einem Medium. Ich bin so gespannt, was sie mir alles erzählt und was Mama so zu ihr sagt. Jana möchte ich nicht immer damit belästigen, denn sie ist wieder so ein fröhliches kleines Mädchen geworden, da möchte ich nicht, dass sie ständig wieder an ihre Oma erinnert wird. Sie soll sie natürlich nicht vergessen, aber sie soll auch nicht wieder so traurig werden, darum werde ich nicht ständig nach Oma fragen.
Es gibt endlich auch bei mir mal etwas Erfreuliches zu berichten. Das Medium ging in Trance und kam nach ein paar Minuten wieder zu sich. Sie sagte, Mama wäre sehr reserviert und hätte nicht großartig mit ihr

reden wollen. Sie betreue nun ein Baby im Jenseits und sie wäre damit so beschäftigt, dass sie für nichts Zeit hätte und ganz versessen auf das Kind wäre. Sie hätte ihr gesagt, dass dieses Baby ihr baldiges Enkelkind wäre und sie sich riesig freuen würde, noch einmal Oma zu werden. Ich konnte sehen, wie meine Schwester aschfahl wurde, aber irgendwie musste sie auch grinsen, denn sie hat ja nun schon vier Kinder. Ich hingegen befinde mich bereits in den Wechseljahren und verschwende keinen Gedanken mehr an ein weiteres Kind. Als wir immer wieder nachfragten, meinte das Medium, es könnte ja auch ein bereits verstorbenes Kind aus Mamas früherer Familie sein, welches sie im Arm halten würde. Das ist gut möglich, denn Mama verlor damals zwei Geschwister im Babyalter, trotzdem hatte ich irgendwie ein komisches Gefühl. Sie sagte, dass Mama toll aussehen würde, sie hätte nun einen Kurzhaarschnitt und sei überglücklich. Ich fragte sie, ob sie uns noch etwas sagen wolle, doch das Medium sagte, es gäbe nichts mehr zu sagen, es sei doch alles in bester Ordnung. Liebe Marlene, das ist nicht meine Mama wie ich sie kenne. Sie war immer ein überaus herzlicher Mensch und ich kann mir das einfach nicht erklären, dass sie nicht mit uns sprechen wollte. Früher kam sie sogar immer in den Raum, wenn ich mit dem Medium sprach, doch auch das hat sie nun schon lange nicht mehr gemacht. Das Medium sagte mir, dass meine Mutter sich auf eine Wiedergeburt vorbereiten würde. Ich fragte sie, ob sie uns dann vergessen würde und sie meinte nur: „Würdest du dein Kind jemals vergessen?" Ich habe sie dann auch nach dem Anhänger gefragt und sie sagte, Mama hätte ihr kurz gezeigt, dass sie zwei Amulette unter die Küchentischdecke geschoben hätte. Das Medium sagte auch, dass Mama mit uns im Urlaub gewesen sei und am Strand mit uns spazieren war. Doch etwas beschäftigt mich seit dem Tag. Das Medium erzählte mir doch, dass meine Mutter sich auf ihre Wiedergeburt vorbereitet. Was ist, wenn ich mal sterbe? Werde ich sie dann nicht wieder sehen? Der Gedanke macht mich traurig. Wenn sie bald wiedergeboren wird, was ist dann mit meiner großen Hoffnung, dass ich sie irgendwann einmal wieder im Himmel treffe und dass sie dann auf mich zukommt? Werde ich sie jetzt nie wiedersehen? Dieser Gedanke kreist nun ständig in meinem Kopf herum. Weißt du etwas mehr darüber? Ich würde mich sehr freuen, wenn du mir eine Antwort geben könntest.

Ich freue mich schon sehr auf dein neues Buch. Im Moment lese ich auch ein ganz tolles Buch es heißt „Stephen lebt" und es handelt von einem 15-jährigen Jungen, der Suizid begangen hat. Dieser gibt seiner völlig verzweifelten Mutter Botschaften aus dem Jenseits. Diese Woche hat Jana wieder bei mir geschlafen und sie hat auch wieder die Oma „besucht". Sie sagte mir gleich wieder, dass Oma wunderschön aussehen würde und sie von außen strahlt. Sie hätte ihr gesagt, dass sie immer auf sie aufpassen würde und Jana hat ihr von mir ausgerichtet, dass ich sie sehr liebe. Meine Mutter hat dann zu ihr gesagt, sie sollte mir ausrichten, dass sie immer ganz tief in meinem Herzen sei und das sie mich 1000 Mal lieben würde. Sie wollte nun auch dafür sorgen, dass es mit meinen Kopfschmerzen besser würde. Na ja, schauen wir mal. Michaela

Meine Antwort:
Du bist wirklich eine gute Seele. Wenn du nach deiner Mama kommst, dann kann ich verstehen, dass deine Mama auch im Jenseits auf euch aufpasst. Dein Bericht von deiner Mama und dem Navigationssystem ließ mich sofort zum Computer gehen und wieder einen neuen Buchtitel in den Computer eintippen. Mein

nächstes Buch heißt: „Erlebnisse mit Engeln und Verstorbenen". Es handelt von den Erlebnissen meiner Leserinnen und Leser mit ihren Verstorbenen. Es werden Berichte von Menschen sein, die noch über den Tod hinaus von ihren Angehörigen durchs Leben begleitet werden. Das ist genau das, was deine Mama tut, sie passt weiterhin auf euch auf. Vielleicht wurde sie euer persönlicher Engel. Solche Aufgaben bekommen Menschen, die nach dem Tod auf eine sehr hohe Ebene kommen und immer noch den großen Wunsch haben mit ihren Lieben zusammen zu sein. Sie dürfen weiterhin auf ihre Lieben auf der Erde aufpassen und an deren Leben teilhaben. Genau so kommt es mir nämlich vor. Deine Mama ist immer bei euch, wenn ihr unterwegs seid. Dann wird euer Auto von dem Navigationssystem umgeleitet. Das ist kein Zufall, sondern das war Hilfe von der anderen Seite. Engel und Verstorbene haben einen großen Einfluss auf elektrische Geräte. Für sie ist das eine Kleinigkeit. Sie wissen auch ganz genau, wo die Gefahrenquellen lauern.

Deinen Brief habe ich erst heute ausführlich gelesen. Vielleicht bist du die Frau, die das Baby bekommt. Es ist nicht das erste Mal und wird auch nicht das letzte Mal sein, dass eine Frau in den Wechseljahren schwanger wird. Ich nehme an, bevor deine Mama sich wieder reinkarniert, wird das noch eine Weile dauern. Aber überlege mal, warum sterben kleine Kinder? Sie besuchen diese Welt nur für eine kurze Zeit, um dann wieder mit denen zusammen zu sein, die auf der anderen Seite auf sie warten. Sollte sie allerdings im Diesseits sein und du im Jenseits, wirst du es sein, die deine Mama auf der Erde besuchen wird, so wie sie euch jetzt immer besucht. Es kann aber auch sein, dass sie es sich so sehr wünscht, auf die Erde zu kommen, dass sie das Wesen ist, das zu euch kommt.

Aber mach dir keine Sorgen. Alles hat seine Richtigkeit. Außerdem musst du zu keinem Medium gehen, du hast doch Jana, sie kann deine Mama alles fragen. Deine Mama wird sie nicht anlügen. Es sei denn, sie darf darüber nicht reden, dann wird sie ihr keine Antwort darauf geben. Es gibt Dinge, die dürfen wir Erdenmenschen nicht erfahren. Kannst du dir vorstellen, was passiert, wenn du wüsstest, dass das Baby deiner Schwester deine verstorbene Mutter ist? Ihr würdet euch um das Kind streiten. Das sind die Geheimnisse der Wiedergeburt und es sollen auch Geheimnisse bleiben. Für dich, für mich und für ein Medium.

Du musst übrigens nicht traurig sein, weil dein Papa nicht mit in der Kirche war, als die beiden Kinder eingeschult wurden. Deine Mama war doch in der Kirche. Ältere Herren gehen nicht so gerne in die Kirche. Ich glaube, es gibt keine Beziehung, in der sich Menschen so nah sind, wie in der Mutter-Tochter-Beziehung. Es ist eine ganz besondere Bindung. Aber sei nicht traurig, denn deine Mama ist sehr oft bei dir.

Michaela schrieb:
Gestern war ich wieder bei einem Medium. Sie sagte mir, dass ich selten so gut und ausgeglichen ausgesehen hätte und sie vollkommen erstaunt darüber sei. Jedenfalls ging sie in Trance und musste plötzlich laut lachen. Ich fragte sie erschrocken, was los sei und sie sagte mir, dass meine Mutter schon neben mir sitzen würde und meine Hand halten würde. Sie solle mir von Mama ausrichten, und dabei hätte Mama gelacht, dass ich nicht so viel Süßes essen sollte und dass ich mich gesünder ernähren müsse. Sie sagte mir auch, dass Mama sehr schick aussehen würde und dass sie sehr strahlen würde. Aber es würde meiner Mutter etwas auf dem Herzen liegen,

was ich unbedingt erledigen müsste. Es ging um die kleine Jana. Mama sagte, dass sie nun nicht mehr so oft kommen würde, weil sie andere Aufgaben zu erfüllen hätte. Sie käme immer wieder, aber eben nicht mehr so oft und ich sollte die kleine Jana behutsam darauf vorbereiten. Sie würde uns immer lieben und immer bei uns sein, wenn wir sie rufen würden. Mama sagte: „Sei nicht traurig, dass Papa nicht bei der Einschulung in der Kirche dabei war, ich war doch da!" Genau wie du es auch gesagt hast, liebe Marlene, sie war doch da. Als ich bei dem Medium war, habe ich sie genau gespürt und ihr die Hand gereicht. Alles wurde kalt. Ich durfte dann später noch einmal mit ihr alleine sein und habe sie gestreichelt (zwar habe ich sie nicht gesehen aber gespürt) und ich habe ihr gesagt, dass sie für mich das Wichtigste auf Erden sei und wie sehr ich sie liebe. Doch wie ist das nun, wenn sie nicht mehr so oft zu uns kommt? Irgendwie begreife ich das noch nicht so ganz, kann ich jetzt nicht mehr mit ihr sprechen? Das wäre schlimm für mich!

Die kleine Jana ist vorgestern schrecklich gestürzt und sie sieht aus als hätten sich gleich drei Boxer an ihr vergriffen. Es gab mir einen schrecklichen Stich ins Herz und ich wusste, dass meine Mutter sich jetzt verstärkt um sie gekümmert hätte. Also versprach ich ihr einen „Frauentag". Nur wir beide alleine. Gestern habe ich mein Versprechen dann wahrgemacht und mich 24 Stunden nur um sie gekümmert. Wir waren zusammen auf dem Friedhof und plötzlich kam durch die Wolkendecke und die verdeckten Laubbäume ein Sonnenstrahl und strahlte genau auf uns zwei. „Schau mal", sagte Jana zu mir, „ein Gruß von Oma." Übrigens hat jedes Enkelkind einen kleinen weißen Stein bemalt, mit Namen versehen und ihn bei meiner Mama auf das Grab gelegt, das nur nebenbei. Wir waren dann gemeinsam Obst pflücken, später bei McDonalds und ich habe ihr viel Zeit und Wärme gegeben. Später am Abend habe ich ihr gesagt, dass sie der Oma unbedingt noch etwas von mir erzählen soll. Und zwar leide ich seit vielen Jahren unter schrecklichen Kopfschmerzen, bin von Arzt zu Arzt gerannt, alle Untersuchungsergebnisse waren negativ. Irgendwann habe ich mich der Krankheit ergeben und sie akzeptiert. Ich habe dann, ich weiß, es hört sich unglaublich an, täglich Schmerztabletten genommen. Meine Mama sagte immer zu mir: „Kind, wenn ich dir die Schmerzen doch nehmen könnte, ich würde es sofort tun." Sie konnte mir nicht helfen, bis sie starb. Jana hat sie in meinem Namen gebeten, mir doch die Schmerzen nun zu nehmen, jetzt wo sie auf der anderen Seite sei, hätte sie sicherlich ganz andere Möglichkeiten. Von diesem Tag an, habe ich nie wieder eine Schmerztablette gebraucht. Das ist die Wahrheit. Also bat ich Jana gestern Abend, sich bei der Omi von mir zu bedanken. Jana hat dann wieder Kontakt zur Oma aufgenommen und sagte mir später, dass Mama gesagt hätte, dass sie das doch gerne für mich getan hätte. Jana erzählte mir dann auch, dass sie wieder bei ihrer geliebten Oma im Arm gelegen hätte und wie wunderbar und glücklich sie wieder ausgesehen hätte. Dann habe ich Jana gesagt, sie sollte der Oma das doch bitte mit meinen Problemen, die ich im Moment habe, erzählen und Jana sagte: „Sag es ihr doch selbst, Oma steht direkt neben dir." Also habe ich mit Mama lange gesprochen, ich konnte sie nicht sehen und nicht hören, aber ich habe mit ihr gesprochen. Jana nahm dann meine Hände und hat mich zu ihr geführt. Meine Hände wurden eiskalt, und komischerweise war es für Jana selbstverständlich, dass ich mit Mama sprach. Sie war nicht einmal verwundert darüber. Jana spricht nie mit ihr, sie macht es auf telephatischem Weg.

Die Medaille der Gottesmutter habe ich mir heute Nacht mit ans Bett genommen und diese ganz nah an mein Gesicht gelegt, aber bisher geschieht nichts. Ich weiß, das ist nicht schön von mir, aber ich bin enttäuscht, dass nichts geschieht. Sicher brauche ich noch mehr Geduld, denn auch ich würde meine Mama gern einmal sehen. Wie gerne hätte ich jetzt meine Mama bei mir. Sie fehlt mir so sehr, aber ich werde nicht weinen, denn ich will, dass sie glücklich ist, sie hat es verdient. So, jetzt zu dem, über was ich noch berichten wollte. Wie du ja weißt, kann Jana jederzeit mit ihrer Oma, also mit meiner Mutter Kontakt aufnehmen. Das macht sie auch hin und wieder, je nachdem ob ihr danach ist. Manchmal schaut sie einmal am Tag nach ihr, manchmal aber auch tagelang nicht. Oftmals entdeckt sie meine Mutter urplötzlich in unserer Mitte, nimmt dann meine Hand und legt diese in die Hand von meiner Mutter. Es ist schon ein wahnsinniges Gefühl. Ich glaube ihr, doch ich wollte dir noch etwas anderes berichten.

Letzte Woche als Jana wieder zu Oma Kontakt aufnahm, ist ihr plötzlich ein Lichtwesen erschienen. Dieses Wesen hat so stark geleuchtet, dass sie es nicht genau beschreiben konnte. Am ganzen Körper war Licht. Aber Jana bekam es mit der Angst zu tun und hat sofort nach ihrer Oma gefragt, das Wesen hat dann zu ihr gesagt: „Du möchtest deine liebe Oma sehen, schau, da kommt sie schon." Und sofort war meine Mutter wieder da. Jana hat sie gefragt wer das war und Mama hat ihr geantwortet: „Hab keine Angst Kleines, das war dein Schutzengel, er ist es, der immer über dich wacht und dich in allen Dingen beschützt." Unsere kleine Jana sieht immer noch die Oma und mittlerweile auch Engel. Sie ist mir oft unheimlich, denn sie weiß Dinge vorher, ehe sie geschehen. Letzte Woche kam sie weinend zu meiner Schwester. Sie hatte Angst, denn da war jemand bei ihr und sie wusste nicht wer das war. Sie sagte, auch dieses Wesen hätte wie ein Engel ausgesehen und wäre sehr lieb zu ihr gewesen, aber sie wollte das nicht und hätte Angst. Nun ja, am Samstag hat sie wieder bei mir geschlafen und am Abend nahm sie plötzlich meine Hand und legte sie sich zurecht. Sie sagte mir, dass meine Mama da wäre und nun meine Hand halten würde. Später erzählte sie mir, dass meine Mutter mir nun einen Kuss auf die Stirn geben würde. Immer wieder erwähnte das Kind, dass die Oma so schön und strahlend aussähe, „so schön, dass ich es dir nicht beschreiben kann", sagte sie immer wieder. Sie ist selbst jedes Mal von ihrer Omi fasziniert. Ich glaube ihr das jetzt alles aufs Wort, so etwas kann man nicht erfinden und Jana ist kein verrücktes oder verlogenes Kind. Sie ist eine ganz gute, liebe Seele, die sehr mit ihrer Omi auf Erden verbunden war und noch immer ist. Trotzdem wäre ich dir dankbar, wenn du mir etwas dazu sagen kannst, warum Jana nun auch Engel sehen kann. Wie ist das möglich? Kannst du es mir vielleicht erklären?

Ich antwortete:
Es ist so schön von den Erlebnissen zu hören, die eure Jana mit den Jenseitswelten hat. Du musst ihr sagen, dass die Engel zu ihrem Schutz da sind und nicht, um ihr Angst zu machen. Sie kommen, weil sie Jana lieben. Engel sind eigentlich immer da, nur die wenigsten Menschen können sie sehen. Natürlich ist es ungewöhnlich für sie, zumal viele Menschen sie nicht verstehen oder vielleicht auch über sie lächeln, wenn sie darüber spricht. Du musst sie unbedingt aufmuntern und ich hoffe, dass sie das Glück hat, weiterhin mit der anderen Seite kommunizieren zu können.

Wir alle können mit Engel kommunizieren, aber nicht jeder kann sie sehen. Ich schätze mich auch glücklich, dass ich Engel sehen durfte, aber ich glaube, ich durfte sie nur deshalb sehen, weil sie mir damit den Impuls gaben, diese Bücher zu schreiben. Niemals in meinem Leben hätte ich diese Bücher geschrieben. Ich hätte mich dem Gespött der Menschen nicht freiwillig ausgesetzt. Aber jetzt, wo ich es sehen, hören, riechen, fühlen, spüren darf, jetzt kann ich sagen: Ihr lieben Leser, ich habe es erlebt, um es für euch aufzuschreiben. Ihr könnt es lesen und daran glauben, denn es ist die Wahrheit, ich erzähle keine Märchen – oder ihr könnt über mich lachen. Aber eines Tages kommt der Tag, der Tag der Abrechnung, dann werden die Menschen, die sich auf der Erde auf die andere Seite vorbereitet haben, sicherlich im Vorteil sein. Vergleicht euch mit einem Reisenden, der sich über das Land, das er bereisen will, vorher ganz genau informiert hat, er wird keinerlei Überraschungen erleben, denn er ist ja gut vorbereitet. Bereitet auch euch auf die letzte Reise vor, dann erlebt auch ihr keine Überraschungen. Das heißt allerdings nicht, dass ihr hier auf der Erde eure Aufgaben vernachlässigen und total vergeistigen sollt, nein, das wird nicht von uns verlangt. Nur glauben sollen wir, dass es weitergeht, in einem Land, das wir Jenseits nennen und zwar wird es so weitergehen, wie wir es uns hier auf der Erde erarbeitet haben. Wir sollen unser Leben in Liebe leben und Gutes tun. Unserem Nächsten nicht mit Neid und Missgunst begegnen, sondern unsere Herzen öffnen für jeden, der unserer Hilfe bedarf.

Jana mit ihrer Oma

Michaela schrieb:
Ja du hast Recht, ich wünschte, ich könnte diese schönen Dinge auch sehen. Doch Jana zeigt sie mir mit ihren Augen. Letzte Woche hat sie wieder bei mir geschlafen und ich fragte sie, ob sie mal nach Oma schauen würde. Ich habe aber das Gefühl, dass sie das sehr viel Kraft kostet, denn sie ist anschließend immer sehr müde und schläft dann ganz schnell ein. Jedenfalls sagte sie mir, dass die Oma schon da sei und neben mir sitzen würde. Sie nahm dann wieder meine Hand und legte sie in die Hand meiner Mutter. Mir wurde plötzlich ganz sonderbar. Zwischendurch sagte sie, dass Mama mir nun einen Kuss auf die Stirn geben würde und ich sollte nun ruhig meine Fragen stellen, die ich an sie hätte. Mama ließ mir ausrichten, ich sollte bitte wieder lächeln und ich wäre in letzter Zeit viel zu traurig, sie möchte das auf keinen Fall. Ich sollte mir nicht immer so viele Sorgen wegen meiner Gesundheit machen, das sei überflüssig. Ich würde

noch viele Jahre auf der Erde bei meinen Lieben bleiben dürfen und wenn es soweit wäre, dann würde sie auf mich warten. Ich hatte noch so viele Fragen, aber leider wurden wir zwei gestört und später wollte ich Jana nicht mehr damit belasten. Aber meine Mama fehlt mir wieder überall. Ich habe sie bei besonderen Anlässen immer besonders vermisst und gestern am Abend bekam ich wieder einen Weinkrampf. Wir haben ihr dann einen dicken Blumenstrauß aufs Grab gelegt. Ich bin sicher, sie hat sich sehr darüber gefreut.

Gestern ist wieder so eine komische Sache passiert. Meine Schwester fuhr im Auto mit den vier Kindern und plötzlich rief der kleine Luca immer wieder „da Oma, da Oma" und fasste in eine andere Richtung. Jana lachte und sagte, „das ist die Oma", die Oma sei da und hätte dem kleinen Kerl gerade in die Wange gekniffen. Ist das nicht schön?

Noch etwas möchte ich dir erzählen. Meine Freundin war in einer Boutique einkaufen und plötzlich hätte die Verkäuferin, eine ältere Dame, sie angesprochen. Meine Freundin sagte, dass die Dame zu ihr gesagt habe, sie hätte zwei Schutzengel. Meine Freundin war etwas verdutzt und fragte sie, wie sie denn darauf käme. Nun ja, sagte die Frau, sie könne schon seit vielen Jahren hellsehen, dass sie das aber den wenigsten Menschen erzählen könne und nur mit ganz wenigen Menschen darüber spreche. Jedenfalls sagte sie, dass sie zwei Schutzengel hätte und das sei selten. Meine Freundin fragte dann nach dem Gesundheitszustand ihres Mannes, denn er ist sehr krank. Doch dazu wollte sie sich nicht äußern. Das kann ich auch gut verstehen. Sie sagte ihr nur, dass ihr Mann gerade einen langen Spaziergang durch den Wald machen würde und am Morgen das Fahrrad ihrer Tochter repariert hätte. Meine Freundin konnte es kaum fassen, denn die Frau sagte die Wahrheit, alles stimmte, genau wie sie es gesagt hatte. Sicherlich wusste sie, dass auch meine Freundin an Engel glaubt, ansonsten hätte sie niemals mit ihr darüber gesprochen.

Als wir diese Woche zum Einkaufen fuhren, sagte Jana unterwegs im Auto zu uns: „Oma ist auch da, sie geht mit uns einkaufen und hat gesagt, wollen die beiden denn schon wieder ratschen?" Dann hat Jana mir genau erzählt, welche Kleidung Mama anhatte. Jedes Detail, jeden Strassstein an ihrer Hose hat sie mir beschrieben. Dann nahm sie meine beiden Hände und legte sie um Mamas Körper. Jana passte genau auf, dass ich die Hände richtig hielt und sie sagte mir dann: „So Ela, jetzt umarmst du gerade deine Mama und sie ist sehr glücklich und strahlt wieder". Das war ein unbeschreibliches Gefühl. Bei meiner Schwester hat sie dann das Gleiche gemacht. Schon verrückt, aber ich glaube ihr.

Es prasseln wieder 1000 Entscheidungen auf mich ein. Wie gerne hätte ich jetzt meine Mama bei mir. Sie fehlt mir so, aber ich werde nicht weinen, denn ich will, dass sie glücklich ist, sie hat es verdient. Doch nun noch etwas anderes. Du weißt ja, dass meine Schwester vier Kinder hat (im Moment kümmere ich mich um die vier, weil mein Schwesterherz auf Mallorca zur Kegeltour ist). Jedenfalls schaut der Kleinste immer auf Mamas Bild, das in ihrem Haus steht. Meine Schwester hat in jedem Raum ein Foto von Mama stehen, selbst über jedem Kinderbettchen hängt eines ihrer Bilder. Der ganz Kleine, er heißt Luca, ist 14 Monate alt und er tut sich schwer mit dem Reden, aber ansonsten ist er ein ganz pfiffiges Kerlchen. Das einzige Wort was er sprechen kann ist: „Oma". Ich stelle mich oft, wenn ich ihn betreue, vor Mamas Foto und sage zu ihm: „Das ist deine Oma und sie hat dich sehr lieb". Er schaut zig Mal am Tag auf Mamas Bild, sagt „da Oma" und wenn ich ihm dann das Bild in seine kleinen Händchen gebe, freut er sich wie ein kleiner Schneekönig. Jetzt aber zum eigentlichen Geschehen. Diese Woche schaute Luca immer auf eine bestimmte Stelle im Wohnzimmer, wo allerdings kein Bild von Mama hängt und freudig rief er immer wieder: „Da Oma, da Oma." Verwundert schauten wir uns an und ich sagte zu ihm, dass die Oma doch da oben auf dem Bild an der Wand sei und nicht dort in der Wohnzimmerecke. Aber der kleine Mann ließ sich nicht beirren, freute sich und zeigte immer wieder auf die gleiche Stelle im Raum. Na ja, wir haben uns zuerst gar nichts dabei gedacht, bis plötzlich Jana von der Schule nach Hause kam. Ich fragte sie, was die Schule so mache und ob sie noch immer gerne hin geht. Sie erzählte mir kurz, wie gut sie bereits sei und dass sie von der Lehrerin viel gelobt würde. Aber plötzlich veränderte sich ihr Blick und sie schaute auch in die Ecke, wo der kleine Luca immer hinstarrte, dann sagte sie: „Ach, hallo Oma". Wir konnten es kaum fassen, denn wir waren der Meinung, der Kleine hätte nur so herumgebrabbelt, was er von uns gelernt hatte. Dann fragte ich noch einmal nach und Jana sagte, dass die Oma tatsächlich da sei. Wir wollten noch einmal genau wissen, wo denn die Oma sei und sie antwortete: „Ja da, wo auch der Luca sitzt." Also war Mama da und auch der kleine Luca hat sie gesehen. Es ist unglaublich. Ich weiß, dass kleine Kinder dafür viel offener sind als wir Erwachsenen, aber vielleicht ist er auch hellsichtig wie Jana? Wie du siehst, ist wieder viel in den letzten Tagen geschehen und ich musste dir unbedingt darüber berichten.

Bald folgt ja der Einzug in unser neues Haus. Ich freue mich schon riesig, wünschte mir nur, dass meine

Mama das alles noch erleben könnte. Ich weiß ja, dass sie auch da ist, aber es tut trotzdem immer noch weh. Ich kann sie nicht mehr umarmen und berühren, wie früher. Fast jede Nacht träume ich von ihr. Leider träume ich immer, dass es ihr nicht gut geht und ich sie wieder umsorgen muss. Ständig frage ich in meinem Traum, was ihr fehlt und wie ich ihr helfen kann. Ich hole ihr die Medizin, lege ihr die Beine hoch, und mache in meinen Träumen genau das, was ich vor ihrem Tod gemacht habe. Wenn ich dann wach werde, bin ich einerseits sehr niedergeschlagen, weil ich dann wieder merke, dass sie nicht mehr da ist, andererseits bin ich froh, dass sie keine Schmerzen mehr hat, so wie damals in der Realität und jetzt in meinem Traum. Es fühlt sich oft bei mir an, als wenn sie mir dadurch zeigen will: „Siehst du, sei froh das es mir jetzt nicht mehr so schlecht geht."

Das mit den Federn, die du immer wieder findest, muss ein wunderbares Erlebnis für dich sein. Ich würde wer weiß was darum geben, wenn ich auch nur eine weiße Feder in meiner Wohnung finden würde. Ich bin mal gespannt, was Jana mir in den nächsten Tagen wieder so berichtet, sie bleibt mit ihren kleinen Geschwistern für ein paar Tage bei mir, weil ihre Mutter, also meine Schwester, mit dem „Großen" für eine Woche nach Siegen in die Kinderklinik muss. Auch da fehlt uns unsere Mutter wieder an allen Ecken und Enden. Kannst du dir vorstellen, dass meine Mama anwesend war, als Robin operiert wurde? Mama sagte zu Jana, sie wäre heute bei Robin, wenn er seine Operation hat. Als sie das sagte, standen mir die Tränen in den Augen.

Die Liebe zu unserer Familie endet nicht mit dem Tod, das durfte ich nun alles durch Jana, die Medien und durch dich erfahren. Seit dem Tod meiner geliebten

Mama habe ich sehr viel gelernt, wenn am Anfang auch alles sehr schmerzlich für mich war.

Marlene, Du hast sicher viel um die Ohren, wo doch bald das neue Buch erscheint. Ich werde sicher eine der Ersten sein, die es bestellt. Sage mir bitte sofort Bescheid. Natürlich habe ich das blaue Buch sofort verschlungen, das du mir geschickt hast. Es liest sich immer so herrlich flüssig und deine Bücher sind leicht verständlich. Ich habe seit Mamas Tod bestimmt 25 esoterische Bücher gelesen und die meisten waren für meinen Geschmack sehr unverständlich und kompliziert geschrieben und ich brauchte viel Zeit, um den Inhalt zu begreifen. Eigentlich schade, man gibt teilweise viel Geld dafür aus und versteht den Sinn im Grunde gar nicht.

Im Moment gestalte ich unseren neuen Garten. Es ist einfach herrlich, wenn man seinen eigenen Garten anlegen kann. Trotzdem fehlt mir meine Mama einfach überall. Ich vermisse sie so sehr und habe ihr vorhin einen dicken Strauss Flieder aus ihrem Garten gebracht. Ständig versuche ich, Kontakt mit ihr aufzunehmen, es geht aber nicht. Aber ich darf nicht undankbar sein, denn ich habe Jana. Sie hat sich auch einigermaßen gefangen und wenn ich sie bitte, dann schaut sich nach meiner Mutter.

Am Samstag war ich mit Jana alleine und bat sie, nach meiner Mutter zu sehen. Sie sagte, sie sei direkt neben mir und streichle mir gerade übers Haar. Mama ließ mir wieder ausrichten, wie sehr sie uns alle liebe und wie stolz sie auf uns sei. Immer wieder sagte Mama, dass sie sehr glücklich auf der anderen Seite wäre. Jana nahm wieder meine Hand und legte sie in die Hand meiner Mutter. Obwohl ich sie ja nicht sehen sondern nur fühlen kann, muss ich sagen, dieses

Gefühl kann ich nicht beschreiben. Manch einer würde uns für verrückt halten, denn ich stelle meiner Mutter dann Fragen und Jana antwortet in ihrem Namen.

Hast du deinen Vater eigentlich auch schon einmal so nah und klar vor dir gesehen? Irgendwie bist du zu beneiden mit deiner Gabe, doch es ist auch bestimmt nicht einfach, mit all den Eindrücken umzugehen. Ich denke, meine Mutter weiß, dass ich damit sicher nicht so gut umgehen könnte und vielleicht hindert genau das sie daran, dass ich sie sehen darf. Ich jedenfalls bin mir nun vollkommen sicher, dass wir uns irgendwann wiedersehen werden und sie im Licht stehen wird und auf mich wartet. Mein Gott, wird das eine Freude sein, doch so schnell möchte ich das natürlich auch noch nicht, weil meine Familie mich noch braucht. Ich hoffe Mama weiß das, ich habe so viel über die Jenseitige Welt gelernt in den letzten Monaten und ich würde so gerne vielen traurigen und verzweifelten Menschen etwas davon abgeben, Aber leider glauben die Wenigsten an ein Weiterleben nach dem Tod. Das Eigenartige ist, diese Leute rennen ständig zur Kirche, aber wenn du von einem Leben nach dem Tod sprichst, dann zweifeln alle, so als gäbe es nach dem Tod nur noch einen Friedhof und ein Grab, in dem sich der Mensch, den man einmal geliebt hat, befindet. Ich bin so glücklich, dass auch ich vom Gegenteil überzeugt wurde, denn es ist wunderbar zu wissen, dass wir uns alle einmal wiedersehen werden. Ich freue mich schon darauf. Ich umarme dich ganz fest und nochmals vielen, vielen Dank für alles, Michaela

Michaela bei John Olford

Nachdem Michaela so viele schöne Erlebnisse mit ihrer verstorbenen Mutter hatte, wollte sie unbedingt bestätigt bekommen, ob es wirklich keine Hirngespinste sind. Ich versicherte ihr zwar, dass alles, was sie erlebt hat, der Wahrheit entspricht, aber um meine Aussagen zu stützen, wollte sie noch zu einem guten Medium gehen. Sie fragte mich, ob John Olford das richtige Medium für sie sei. Ich konnte ihr das bestätigen, denn ich hatte ja selbst viel über meine verstorbenen Freunde und Familienmitglieder durch ihn erfahren. Sie dürfen mir glauben, dass ich niemals irgendwelche Informationen an John Olford weitergegeben habe und er war auch nicht im Besitz meines letzten Buches.

Hier ein kurzer Bericht von Michaela:
Gestern waren wir bei Herrn Olford und du hattest Recht, dieser Mann ist sehr, sehr nett und weltoffen. Er und auch seine Frau waren mir auf Anhieb sympathisch. Du wirst es nicht glauben, aber die Sitzung hat fast drei Stunden gedauert. Selbstverständlich habe ich Herrn Olford von dir gegrüßt. Er hat sich sehr gefreut. Es war wirklich sehr interessant und er hat vieles erzählt, was zutraf. Aber viele Aussagen haben mich auch zum Weinen gebracht. Als er zum Beispiel erzählte, dass meine Mutter ihm berichtet hätte, dass sie es gespürt hat, als sie gehen musste und dass sie sich wahnsinnig gefreut habe, ihre eigene Mutter zu sehen, die sie am Krankenbett abgeholt hat, konnte ich meine Tränen nicht mehr zurückhalten. Meine Mutter hätte nie gedacht, ihre geliebte Mutter noch einmal wiederzusehen. Ihre bereits verstorbene Mutter sagte am Krankenbett zu ihr, dass es für sie nun Zeit zu gehen sei. Mama sagte, sie wäre mit einem lachenden

Auge gegangen (wegen ihrer Mutter) und mit einem weinenden, weil sie uns zurücklassen musste. Aber sie sei sehr stolz auf ihre Familie und besonders darauf, dass sie uns Kinder so gut erzogen hätte und dass wir so selbstständig geworden sind und nun ohne sie überlebensfähig seien. Sie sagte, sie wäre immer noch ein Teil von dieser Familie und das mache sie so glücklich. Sie habe immer geglaubt, dass mit dem Tod alles aus sei, und sie hätte nie damit gerechnet, dass sie uns jederzeit und immer wieder besuchen kann. Es wurden auch manchmal Dinge während der Sitzung gesagt, die ich noch nicht zuordnen kann, aber alles in allem war es eine wunderbare Erfahrung, die ich nicht mehr missen möchte. John Olfords Frau hat während dieser Sitzung ein Auragramm von uns gemalt und uns dieses später ganz genau erklärt. Was Jana betrifft, meinte er, sie wäre hochgradig medial veranlagt. Sie flunkere nicht und könne tatsächlich mit Verstorbenen reden. Er wusste auch von dem Engel, vor dem sie so Angst hatte, als sie ihn zum ersten Mal sah. Mama hat zu John gesagt, dass Jana diesen Engel sofort mit dem Tod in Verbindung gebracht hat. Er sagte, dieses Kind könnte immer und jederzeit, wann und wie sie will, mit ihrer Oma oder anderen Verstorbenen Kontakt aufnehmen. Sie sei etwas ganz Besonderes und es mache meiner Mama himmlischen Spaß, sich mit ihr zu unterhalten. Meine Mama sagte zu John, sie würde sich allen anderen gleichermaßen zeigen, doch nur Jana und der Kleine würden sie erkennen. Jana sei auch so herrlich unkompliziert und ließe ihre Gegenwart zu. Du glaubst nicht, wie überglücklich dieses Kind später war, als wir ihr das sagten. Jana hofft nun, dass es daran keine Zweifel mehr gibt. Von deiner und meiner Seite gab es diese Zweifel ja nie. Du hast mir ja immer wieder bestätigt, dass Jana die Wahrheit sagt und mit den Verstorbenen kommunizieren kann.

Ich schrieb:
Ich wusste, dass du schöne Erfahrungen haben wirst bei John. Er ist ein sehr gutes Medium. War deine Schwester auch dabei? Ich habe immer gewusst, dass die kleine Jana deine Mama sehen kann. Deshalb wollte ich den Menschen in meinen Büchern auch darüber berichten. Selten habe ich so viele Briefe von einer einzigen Leserin veröffentlicht. Aber ich weiß ganz genau, dass ganz viele Kinder hellsichtig sind und doch ausgelacht werden. Dies ist nun ein wunderbarer Beweis dafür. Alles wurde von einem Medium und von deiner Mama bestätigt. Es ist so schön, wenn man ein Medium wie Jana an seiner Seite hat.

Vanessa schrieb:
Ich habe vor zwei Jahren zu Ostern von meiner Oma aus Frankreich einen schneeweißen Hasen bekommen. Er war so lieb wie keines meiner Haustiere zuvor. Ich habe ihn sehr in mein Herz geschlossen, obwohl er ja nur ein kleines Häschen war. Er sprang immer auf mein Bett und hat neben mir geschlafen. Er ist auch dauernd zu mir auf den Schoß gesprungen, das hat nicht einmal meine Katze getan. Er war einfach einzigartig, total lieb und verschmust. Ich habe ihn immerzu knuddeln dürfen. Dann kam an Weihnachten 2006 mein Onkel aus Frankreich, er heißt Jojo und war immer mein Lieblings-Onkel! Ich habe immer viel mit ihm gelacht und wir hatten zusammen jede Menge Spaß. Zurück zu Weihnachten: kurz davor hatte er wegen einer Entzündung eine Blasen-Operation. Die Ärzte wussten schon an Weihnachten, dass es Krebs war, aber sie wollten ihm das Fest der Liebe nicht verderben und sagten ihm die ganze Wahrheit erst nach den Feiertagen. Ich hatte jedoch immer Hoffnung und glaubte, dass alles wieder gut wird! Mal sagte der Arzt, „es sieht ganz gut aus" und dann schätzte er den

Zustand wieder sehr schlecht ein. Es war die ganze Zeit ein Wechselbad der Gefühle. Nach einer Weile wurde festgestellt, dass sein ganzer Körper voller Metastasen war. Er hatte furchtbare Schmerzen und es war schrecklich für mich und die ganze Familie. Ich hatte ihn dann das letzte Mal im Sommer 2007 gesehen, er hatte viel geweint und sehr viele graue Haare bekommen. Seine schönen schwarzen, lockigen Haare waren nach der Chemotherapie ausgefallen. Mir tat es furchtbar weh, das zu sehen, ich habe aber immer versucht, meinen Schmerz zu unterdrücken. Ich konnte nämlich nie wirklich mit ihm über seine Krankheit sprechen, weil er immer so traurig war. Er machte mir Mut und sagte: „Vanessa, weißt du noch, als du mir als Kind die Geschichte erzählt hast, die nicht mehr aufgehört hat?" (Ich hatte ihm als Kind irgendeinen Schwachsinn erzählt und er hatte ganz gespannt zugehört). Nun ja, seine Krankheit wurde schlimmer, er hatte ständig Schmerzen und es wurde einfach nicht besser, aber die Ärzte versicherten trotzdem immer wieder, dass es noch Möglichkeiten gäbe, dass er wieder gesund würde. Dazu möchte ich noch hinzufügen, dass ich die ganze Zeit meinen Hasen in Verbindung mit meinem Onkel gebracht habe. In meiner Phantasie stellte ich mir vor, wenn mein Onkel sterben muss, würde sein Geist vielleicht in meinem Hasen sein.

Dann kam der 23. November 2007. Ich war auf einer Geburtstagsfeier. Als ich das Lied hörte „No one" von Alicia Keys, musste ich ganz plötzlich weinen und dachte sofort an meinen kranken Onkel. An diesem Abend habe ich bei meinem Freund übernachtet, als mein Vater anrief und zu ihm sagte: „Vanessa soll bitte gleich nach Hause kommen". Ich hatte gleich die Befürchtung, dass etwas passiert sein musste. Sofort eilte ich nach Hause und sah schon als ich die Tür öffnete, dass meine Mutter ganz rote Augen vom Weinen hatte. „Dein Onkel Jojo ist gestorben", sagte sie unter Tränen. Ich brach mit einem Heulkrampf zusammen. Ich wollte nur noch zu meinem Hasen, aber mein Vater hielt mich zurück. „Nein Vanessa, du kannst nicht zu deinem Häschen", sagte er, „denn auch dein Hase ist gestorben, er lag tot unter deinem Bett." Ich habe nur noch geschrieen! Was hat das alles zu bedeuten? Wieso? Was passiert da in meinem Leben? Mein Hase war erst ein Jahr alt, es ging ihm gut, einen Tag zuvor hatte ich ihn noch gedrückt und meine Mutter gefragt, ob sie ihn auch mal halten will. Er war nicht krank, er war fit, hat immer gut gefressen und ist munter auf meinem Bett herumgesprungen. Es gab keine Erklärung für seinen Tod. Ich ging hoch in mein Zimmer, habe schrecklich geweint und immer wieder gerufen: „Onkel Jojo ich habe dich so lieb". Auf einmal kam ein kleiner Vogel an mein Fenster, blieb in meiner Gesichtshöhe etwa fünf Sekunden stehen und flog dann wieder weg. Das war ein Zeichen für mich. Danach habe ich zu Gott gebetet und gesagt, ich sei ihm nicht böse, dass er meinen Hasen und meinen Onkel genommen hat. Ich dachte mir, dass mein Onkel durch den Hasen meine Liebe bekommen hat und dass er deshalb keine Angst mehr vor dem Tod hatte wie früher. Mit meinem Onkel hatte ich immer wieder über Gott gesprochen, er hat nicht der gleichen Religion angehört wie ich, aber irgendwie hatte er doch an das gleiche geglaubt. Von da an habe ich sehr gehofft, dass ich von meinem Onkel träume, um ihn wenigstens in meinen Träumen zu treffen. Vor zwei Wochen habe ich dann wirklich geträumt, dass er bei mir angerufen hat. Ich hörte tatsächlich seine Stimme, als sei er selbst am Telefon. Er sagte mir, dass es ihm gut geht und dass er dort, wo er jetzt ist, keine Schmerzen mehr hat. Leider kann ich mich nicht mehr genau daran erinnern, was er noch alles gesagt hat.

Die Mutter meines Onkels, meine Oma, ist nur einen Monat nach ihm gestorben, sie wusste nichts von seinem Tod. Sie war 90 Jahre alt und in einem Altenheim, aber jetzt ist sie bei ihm. Er hatte immer Angst, dass seine Mutter vor ihm stirbt. Doch es war anders, er musste vor seiner Mutter gehen, genau so, wie er es sich gewünscht hatte. Ich vermute auch, dass meine Katze ihn sieht, gestern habe ich das Buch weiter gelesen, an einer Stelle hatte ich ein bisschen Angst. Dann kam meine Katze, sie legte sich auf meinen Bauch, und sofort war die Angst wieder weg.

Wenn ich das Buch so lese, deutet das alles auf das hin, woran auch ich glaube. Ich bin sicher, dass man abgeholt wird, wenn man stirbt. Und ich bete seit meinem 8. Lebensjahr zu Gott, obwohl ich bis dahin noch niemanden verloren habe. Es sind keine auswendig gelernten Gebete, sondern ich spreche zu Gott und erzähle ihm alles, was ich erlebt habe. Ich denke einfach genau so, wie es auch in dem Buch beschrieben wurde.

*Meine Katze versteht sich mit keinem anderen Tier, aber mit meinem Hasen war es etwas anderes. Die beiden haben sich geliebt und immer miteinander gespielt. Die Katze hätte meinem Hasen nie etwas getan, sie hat ihn lange gesucht als er tot war. Manchmal geht sie hinter mein Aquarium und fängt an zu spielen, dann höre ich Geräusche, als ob mein Hase hüpfen würde. Ich vermute, dass sie ihn weiterhin sieht, aber leider kann ich ihn nicht sehen.
Vanessa*

Ich antwortete:
Liebe Vanessa, ich bin mir sicher, dass deine Katze den Hasen weiterhin sehen kann. Es gibt kaum ein Tier, das hellsichtiger ist, als eine Katze. Das sagte mir

die Züchterin, als sie uns die Katze, eine Heilige Birma nach Hause brachte. Dann sagte sie noch, „als ich sie beide zusammen sah, dachte ich, „die Frau ist genau so mystisch wie die Katze."

Die Heilige Birma hat ein weißes Fell und blaue Augen und sie ist in meinem letzten Buch abgebildet. Es ist immer sehr schlimm, wenn man einen lieben Menschen verliert, aber du wirst sehen, es gibt so viele Zeichen, die dir dein Onkel von der anderen Seite schicken wird. Ich habe meinen Vater verloren, als er knapp über 50 Jahre alt war. Ich ging durch die Hölle, bekam ganz plötzlich Erstickungsanfälle und stand Todesängste aus, bis ich mich mit dem Leben nach dem Tod befasst habe. Nun habe ich so schöne Dinge erlebt, dass ich der Meinung bin, mein Vater ist mir im Tod näher als im Leben. Er schickt mir ganz viele Zeichen. Ich habe ein ganz großes Bild neben meinem Computer stehen und ich rede mit ihm, als wenn er noch da wäre. Ich wünsche dir ganz viel Kraft und ganz viele Engel werden dir beistehen. Vor allem: weine nicht so viel, denn es macht die Jenseitigen sehr, sehr traurig.

Monika K. schrieb:
Sie dürfen ruhig du sagen. Ich habe bei „bücher.de" unter Esoterik gesucht und der Titel Ihres Buches hat mich sehr angesprochen. Ich versuche Ihnen alles, was mir passiert ist, per E-Mail zu schreiben: Mein Mann ist vor dreieinhalb Jahren an einem schlimmen Krebsleiden gestorben. Wir haben erst von seiner Erkrankung erfahren, als es bereits zu spät war. Ich habe meine berufliche Tätigkeit unterbrochen, bin vier Monate zu Hause geblieben und musste praktisch meinem Mann beim Sterben zusehen. Ich bin Krankenschwester und konnte doch meinem eigenen Mann nicht helfen. Dieses Jahr im Mai ging es mir

wieder einmal so schlecht, dass ich dauernd geweint habe und sehr verzweifelt war. Da passierte es zum ersten Mal. Ich lag bei einer Patientin, die ich zu Hause betreue, mittags auf dem Sofa und war in einem Zustand zwischen wach und schlafend. Auf einmal hörte ich die Haustür aufgehen und dann die Zimmertür. Ich hob den Kopf und schaute zur Tür, aber da war nichts. Auf einmal war im Zimmer eine ganz große Unruhe, als wenn sich viele Menschen darin aufhielten. Plötzlich war eine große Ruhe und ich hatte überhaupt keine Angst. Dann merkte ich, dass jemand hinter mich trat und mir die Arme auf den Körper legte. Ich spürte den Druck und die Wärme seiner Hände, dann verstand ich, dass es mein Mann war. Es war ein herrliches Gefühl. Nach ein paar Minuten ist er wieder gegangen. Dieses Gefühl war so schön, dass ich süchtig danach war, es wieder zu erleben. Eine Woche später geschah das Gleiche. Aber dieses Mal sprach ich zu meinem Mann: „Hallo mein Schatz, ich freue mich so, dich zu sehen, aber wenn es dir möglich ist, dann bring mir doch unser Mäxchen mit (das Mäxchen war unsere Katze, die 14 Tage vorher weggelaufen war und nicht mehr zurückgekommen ist). Und da ist auf einmal unsere Katze zu mir aufs Sofa gesprungen und hat geschnurrt. Dann stand seitlich von mir ein kleines Kind, dessen Körper von Nebel verhüllt war, und streckte mir seine Ärmchen entgegen. Ich würde sagen, dass es vielleicht zwei, drei Jahre alt war. Als ich meinen Mann fragte, wer das Kind ist, sagte er, das sei sein kleiner Bruder, der mit zwei Jahren gestorben war. Beim dritten Mal und den darauffolgenden Besuchen geschah das Kommen meines verstorbenen Mannes anders. Mein ganzer Körper fing ohne mein Zutun an zu vibrieren und dann kam plötzlich mein verstorbener Mann. Er nahm mich ganz liebevoll in den Arm, ein anderes Mal kam er zu mir ins Schlafzimmer. Dabei habe ich ihn mir einmal genau angeschaut. Er sah sehr gut aus, er hatte keine Brille mehr an und trug keinen Vollbart mehr. Fast hätte ich ihn nicht mehr erkannt. Das Gleiche passierte mehrmals und wieder brachte er unsere Katze mit, die aufs Bett gesprungen kam und mit meinen Füßen spielte. Da wusste ich, dass sie tot war und ich nicht mehr auf ihre Rückkehr zu warten brauche.

Anfang Juni verstarb überraschend die Patientin, die ich pflegte und am zweiten Tag nach ihrem Tod ist sie mir begegnet. Wir trafen uns oben auf ihrem Speicher. Sie sah sehr gut aus und trug Kleidung wie in den 50-iger Jahren. An der Hand hatte sie einen Mann und ich sagte zu ihr: „Hallo Maria, ich weiß wer dein Begleiter ist, er gleicht dir sehr, das ist dein Bruder." Sie lächelte und ich bedankte mich bei ihr, weil sie sich von mir verabschiedet hatte.

Mein Mann besucht mich immer noch auf die gleiche Art und Weise und als ich ihn fragte, ob er weiterhin kommen würde, sagte er: „Ja, aber immer nur montags und nur, wenn ich die Erlaubnis bekomme." Ich warte von Mal zu Mal, weil es immer so schön ist. Manchmal trägt er Schlafanzüge, die er immer sehr mochte, weil sie so bequem sind und einmal hatte er eine Jacke an, die ich noch nie gesehen hatte. Manchmal ist er fröhlich und manchmal sehr ernst, dann bleibt er nicht lange. Ich hatte auch schon Kontakt zu meinem Vater, nachdem dieser bereits 14 Jahre tot war.

Meine Antwort:
Ich habe beim Lesen Gänsehaut bekommen. Nicht, weil ich es nicht glaube, sondern weil ich immer so glücklich bin, wenn den Menschen das Gleiche passiert wie mir und weil es ein so einschneidendes Erlebnis ist, dass man keine Angst mehr vor dem Tod haben muss. Du bist wie viele andere Menschen, die

diese Erlebnisse haben, zu beneiden. Dein Mann muss ein guter Mensch sein, denn nicht jeder darf seine Lieben auf der Erde besuchen, bzw. sich bei seinen Lieben sichtbar machen. Aber es ist so, die Jenseitigen müssen tatsächlich fragen, ob sie in dein Leben eingreifen dürfen. Und die höheren Wesen wissen ganz genau, ob du damit fertig wirst oder nicht. Aber je höher die Ebene des Verstorbenen ist, umso leichter ist es für ihn, die Erlaubnis zu bekommen. Ich wollte ja kein Buch mehr schreiben, aber wie kann man aufhören zu schreiben, wenn man so wunderbare Dinge wie von dir hört?

Jutta A. schrieb:
Zu den Nachtod-Erlebnissen möchte ich noch über ein Erlebnis von mir berichten. Mein Vater starb an Krebs am 17. Dezember 1999. Er starb zu Hause, während meine Mutter, mein Sohn und ich bei ihm waren. Danach hatte ich häufig das Gefühl, wenn ich mich bei meiner Mutter aufhielt, dass jemand an mir vorbeistreift, meistens am Rücken. Damals machte mir das ein bisschen Angst. Auch meine Mutter glaubte, ihr verstorbener Mann sei nachts oft bei ihr. Und besonders mein Bruder, der in München lebt, roch meinen Vater regelrecht und manchmal standen bei ihm in dieser Zeit auch Schranktüren offen. Mein Bruder ist sich sicher, unser Vater war da, zumal er mit ihm immer noch nicht im Reinen ist, obwohl er daran arbeitet.

Das schönste Erlebnis aber war am Heiligen Abend nach seinem Tod. Weihnachten ist und war für unsere Familie immer ein ganz besonderes Fest, das wir immer miteinander verbrachten. Nun war der Kreis kleiner geworden, mein Sohn, meine Mutter, mein Bruder und ich saßen etwas bedrückt im Wohnzimmer, da die Trauer in uns noch sehr groß war. Unser geliebter Vater, Opa und Ehemann war ja erst vor wenigen Tagen gestorben. Plötzlich begann der Kronleuchter im Wohnzimmer meiner Mutter zu wackeln, alle Anhänger bewegten sich und wir konnten uns nicht erklären warum. Die Fenster und Türen waren geschlossen, kein Luftzug war möglich. Wir probierten alles Mögliche aus, doch es war keinerlei Durchzug feststellbar, der den Leuchter in Bewegung hätte setzen können. Mir war damals schon klar, dass dies mein Vater war, heute weiß ich es sicher.

Noch eine kleine Anmerkung hätte ich zu dem Teil deines Buches, der über Sucht handelt. Wie ich dir schon vor längerer Zeit schrieb, bin ich selbst trockene Alkoholikerin seit neun Jahren. Die Sucht zu bewältigen war alles andere als einfach, ein schwerer Kampf über Jahre und nur mit Gottes Hilfe konnte ich ein neues Leben beginnen, ein Leben voller neuer Erfahrungen und neuem Wissen, was ich ohne diese Sucht vielleicht nicht erreicht hätte. Mit einer Freundin habe ich vor einem guten Jahr eine Frauenselbsthilfegruppe mit dem Namen „Sehn-Sucht" gegründet. Die Gruppe wird gut angenommen und ich kann dir nur sagen, die Frauen die zu uns kommen und mit Sucht, Krankheit oder anderem zu kämpfen haben, sind alle nicht leichtsinnig oder wollen sich mit ihren Suchtmitteln amüsieren. Im Gegenteil, sie führen alle einen harten Kampf, um damit fertig zu werden.

Es ist erwiesen, dass süchtige Menschen sehr harmoniebedürftig sind und viel Liebe geben, ohne sie zurückzubekommen. Diese oft sehr sensiblen Menschen greifen dann häufig zu ihren Suchtmitteln, um die Härte des Lebens zu dämpfen, was natürlich nicht die Lösung, sondern ihr Ruin ist.

Vielfach habe ich die Erfahrung gemacht, dass Menschen, die ihre Sucht überwunden haben, eine innigere Beziehung zu Gott oder einer höheren Macht erlangt haben, da sie erkannten, dass sie es aus eigener Kraft nie geschafft hätten. Auch ich danke Gott und Jesus täglich für meine Genesung. Leider rauche ich noch, doch ich arbeite daran.

Meine Antwort:
Es gab so viele schöne Schreiben und ich hatte wirklich Probleme eine Entscheidung zu treffen, welche ich in mein neues Buch aufnehme. Du hast Recht, dass sensible Menschen zu Süchten neigen, denn ein böser Mensch hat ja keine Ängste und oftmals kein Gefühl, weder für sich selbst, noch für andere. Ich bin froh, dass dir das Buch gefällt. Ich weiß selbst nicht, wie es mir immer wieder gelingt. Hättest du mir vor fünf Jahren gesagt, „schreibe ein paar Bücher über diese Thematik", ich glaube, ich hätte geantwortet, „was soll ich denn schreiben?" – es wäre vielleicht eine Seite geworden. Aber nun fließt alles sofort in meine Finger, ich wundere mich manchmal selbst, woher das alles kommt. Ich bin aber froh und dankbar, wenn es anderen Menschen hilft.

Ich finde es großartig, was du tust. Deine Krankheit war auch eine Bereicherung und ist jetzt eine große Hilfe für andere Menschen. Du hast durch deine eigene Sucht eine Lebensaufgabe erhalten, nämlich die, anderen Kranken zu helfen.

Petra O. schrieb:
Dein neues Buch ging mir sehr zu Herzen, es war wie deine anderen Bücher wieder überwältigend, ich musste viel weinen, aber es tat auch gut zu lesen, was andere erlebt haben und es macht Mut, dass man nicht alleine ist. Es wäre sehr schön, wenn du noch weitere

Bücher über diese Thematik schreiben würdest. Man kann viel durch deine Bücher lernen und es wird einem wieder bewusst, dass man zu viele Dinge für selbstverständlich nimmt, statt sie zu hinterfragen. Oder dass man viele Dinge einfach verdrängt. Aber durch deine Bücher wird man zum Glück wieder wachgerüttelt und man ist dankbar für jeden neuen Tag. Man beklagt sich so oft, dass man z. B. Schmerzen hat oder dass man Angst vor diesem und jenem hat, aber man denkt nicht darüber nach, dass es Menschen gibt, denen es weitaus schlechter geht und die sich trotzdem nicht beklagen. Das wird einem unter anderem klar in deinem Buch und dafür danke ich dir. Auch wurde mir klar, dass ich mich zu wenig bei meinem Schutzengel und bei Gott bedankt habe, dass ich noch leben durfte, damals nach meinem Unfall und das versuche ich jetzt zu ändern. Habe tausend Dank dafür.

Andrea E. schrieb:
Ich muss dir einfach sagen, deine Bücher sind wunderbar. Ich lese gerade dein zweites Buch und bin jetzt beim Thema Tiere. Das erinnert mich sehr an meine Kindheit. Meine Oma und auch mein Vater erzählten mir von den Seelen der Tiere. Auch ich habe eine starke Verbindung zu ihnen. Ist das nicht wunderbar? Überhaupt fand ich schon in deinem ersten Buch sehr viele Übereinstimmungen, manches hatte auch ich bereits so erlebt. Durch deine Bücher wird mir vieles klarer, es gibt Dinge, die ich nicht so bewusst wahrgenommen habe. Allerdings habe ich diese Dinge immer gespürt. Ich danke Gott, dass er mir dieses starke Gefühl und dieses Gespür mit auf den Weg gegeben hat. Es ist das Kostbarste was es gibt. Du hast mir übrigens sehr geholfen, und ich danke dir herzlichst dafür.

Das mit meinem Sohn hat mir sehr zugesetzt. Ich konnte ihm nicht mehr vertrauen, war zutiefst verletzt. Ich litt ganz furchtbar. Der Knoten wollte sich einfach nicht lösen. Die Fronten waren stark verhärtet. Letzte Woche nahm ich den Anhänger mit der Gottesmutter zu meiner Kette mit einem kleinen Kreuz (ich trage sonst kaum Schmuck, er ist mir eher lästig). Doch seit ich diesen Anhänger trage, möchte ich ihn nicht mehr abnehmen. Er stimmt mich positiv. So wie ich normalerweise auch bin. Plötzlich konnte ich mich wieder öffnen und auf meinem Sohn zugehen. Seit diesen Tagen geht es wieder besser. Ich glaube ganz fest, dass es durch deine Hilfe geschah. Schreibe noch weiter so viele schöne Bücher! Die Menschen können gar nicht genug über dieses Thema informiert werden, damit sie das irdische Leid besser ertragen und sie keine Angst mehr vor dem Sterben haben. Ich möchte es auch allen verkünden. Natürlich bin ich sehr vorsichtig bei der Auswahl. Nicht jeder versteht das, wie du ja selbst weißt. Habe seit langer Zeit das Glück, etwas zu spüren, was außerirdische Liebe ausmacht. Es ist unbeschreiblich schön, denn durch deine Bücher kann ich meine Erlebnisse nun viel besser einordnen. Am Abend las ich dein Buch weiter und kam an die Stelle, wo die Wunder, die mit dem Marienanhänger geschahen, beschrieben waren. Ich dachte, „das gibt es doch nicht." Es war wirklich keine Einbildung. Ich bin so froh, dass ich wieder klarer und positiver damit umgehen kann. Außerdem war ich kürzlich mit meinen Kindern bei der Muttergottes - Maria Vesperbild - an der Grotte. Dabei musste ich auch an dich denken. Unsere Mutter Gottes und Gottes Liebe sind das Beste, was uns passieren kann.

Das muss ich dir noch unbedingt berichten: Mein Sohn hatte gestern eine Klassenfahrt. Seine Schule ist in Schondorf, mit dem Zug etwa 40 Minuten von uns entfernt. Am Sonntag rätselten wir noch, ob er mit dem Zug fährt oder ob ich ihn mit dem Auto hinbringe. Er wollte den Zug nehmen. Ich jedoch wollte ihn lieber fahren, falls wegen der Gleisarbeiten möglicherweise der Zug gar nicht fährt. Vorahnung? Wir fuhren zum Glück mit dem Auto. Heute stand in der Zeitung, dass drei Zugstationen weiter ein schwerer Unfall war, die Zugbegleiterin, wurde unter das Gleis gezogen und ein Bein wurde abgetrennt. Ich hörte vor unserer Abfahrt mehrere Sankas fahren, wusste jedoch nicht, wo und was passiert war. Mir war ganz komisch zumute, als ich erfuhr, was sich zugetragen hatte.

Ich habe gestern noch in deinem Buch von deinem verstorbenen Freund gelesen, dass du traurig warst und wie du Angst hattest, mit ihm ein behindertes Kind zu bekommen. Nun, manchmal trifft man Entscheidungen, ohne dass man diese erklären kann. Mach dir keine Vorwürfe mehr. Denn letztendlich werden wir von einer höheren Macht gesteuert. Alles muss so sein. Schade, dass dein Partner dein Tun so gar nicht versteht. Männer ticken da eben anders, bei ihnen fehlt oft das Feingefühl. Doch gibt es auch ein paar Ausnahmen. Eine Ausnahme war auch dein verstorbener Freund. Er liebt dich, und er ist bei dir. Hier geht es um eine andere Liebe, von weitaus höherer Natur. Genieße es und sprich mit ihm. Er wird dir beistehen. Ich spüre es selbst, es gibt sie, die Liebe, sie ist nicht von dieser Welt. Und wenn ich mit Gott spreche und ihn nach dem Warum frage, dann sagt er zu mir: „Frage nicht, sondern nimm es einfach an als ein Geschenk!" Vielleicht braucht dein jetziger Partner genau jemanden mit so viel Gefühl, wie du es hast. Er kann bloß leider damit nichts anfangen. Vielleicht gibt es aber doch noch ein Erlebnis für ihn, das ihn alles klarer sehen lässt. Die Engel helfen dir bestimmt dabei.

Ich antwortete:
Dein Brief hat mich sehr berührt. Ich muss wieder schreiben, denn die schönen Dinge passieren unentwegt und es soll nichts in Vergessenheit geraten. Die Leser schicken mir so viele schöne Briefe, die ich einfach an andere Menschen weitergeben muss. Eine Bekannte rief mich an und sagte: „Es ist so schön zu lesen, was anderen Menschen passiert, denn dann weiß man, dass man mit diesen Erlebnissen nicht alleine ist!" Das war für mich Grund genug, mehr und mehr die Leser meiner Bücher zu Wort kommen zu lassen.

Ich bin so glücklich, dass es mit dem Verhältnis zu deinem Sohn wieder besser geht. Ich sage immer: „Lege alles in Gottes Hände, dann ist es in guten Händen!" Kritisiere ihn nicht, sage ihm nur, dass du immer für ihn da bist, wenn er dich und deine Hilfe braucht, dann wird er immer wieder gerne auf dein Angebot zurückkommen. Das habe ich in der Zwischenzeit gelernt. Man darf Kinder niemals unter Druck setzen, man muss wie ein guter Freund seine Hilfe und seine Liebe anbieten. Das bringt Erfolg. Ich glaube, du stehst unter dem besonderen Schutz der Gottesmutter. Du hast sie angenommen und in dein Herz gelassen. Es ist tatsächlich außergewöhnlich, dass du an diesem Tag das Auto genommen hast, obwohl man sich in der Regel aus Sicherheitsgründen eher für die Bahn entscheidet.

Petra O. schrieb:
Als erstes möchte ich dir von etwas Schönem berichten und zwar ist folgendes passiert: Am Samstag hatte meine Mutter Geburtstag, da fiel ihr eine kleine Feder auf die Terrasse und wir beide glaubten, dass es ein Zeichen von meinem verstorbenen Bruder ist. Er war also an diesem Tag ebenfalls bei meiner Mutter und ich fand es einmalig. So etwas hatte ich ja noch nie erlebt und meine Mutter war sehr glücklich. Sie hütet die Feder wie einen Schatz. Denn, wie du dir vorstellen kannst, ist sie noch sehr traurig und sie hatte immer darum gebeten, mein Bruder möge ihr doch ein Zeichen geben, dass er bei uns ist. Auch deine Bücher helfen ihr dabei, denn durch diese lernte sie genau so wie ich, auf viele Kleinigkeiten zu achten. Vorher hatten wir diese Zeichen immer übersehen oder konnten sie nicht deuten.

Susanne schrieb:
Ich habe keine Ahnung, ob diese E-Mail Adresse Ihre ist, aber ich wollte Ihnen unbedingt etwas mitteilen: Durch Zufall (den gibt es ja eigentlich gar nicht) habe ich das Buch „Engel und die Verstorbenen sind unter uns" in die Hände bekommen! Ich habe selten ein Buch gelesen, das so offen, ehrlich und verständlich geschrieben ist. Es hat mir so gut gefallen, dass ich es fast an einem Abend gelesen habe! Vor allen Dingen aber auch, weil ich mich sehr gut damit identifizieren konnte. Viele Ihrer Erlebnisse sind mir auch schon passiert und nun habe ich einmal mehr die Bestätigung, dass ich nicht verrückt bin. Ein wunderschönes Buch, das ich jedem nur empfehlen kann!

Ich veröffentliche diese Mail nicht, um Werbung für das Buch zu machen, sondern weil die Sorge und die

Angst, dass wir verrückt sind, endlich einmal ausgeräumt werden muss. Wir sollten uns glücklich schätzen, weil wir so sensibel sind, diese Dinge erleben zu dürfen. Warum sagen wir nicht endlich mal ganz offen: „Wir sind nicht wie alle anderen, wir sind etwas ganz Besonderes!"

Susanne schrieb:
Im Alter von 18 Jahren hatte ich eine Nahtod-Erfahrung. Ein Stück durfte ich durch den bekannten Tunnel gehen, um einen Blick auf das Licht zu werfen. Einige Monate vor der Abschlussprüfung meiner Lehre träumte ich, dass meine Uroma gestorben ist. Alle waren auf dem Friedhof, nur ich fehlte. Später stellte sich heraus, dass es genau so war, denn es wollte mir niemand sagen, dass meine Uroma gestorben ist, damit ich bei meiner Prüfung nicht versage. Ich konnte meiner Mutter ganz genau sagen, welche Blumen um und auf dem Sarg standen. Meine Mutter konnte aber damit nicht umgehen.

2003 lernte ich dann meinen damaligen Freund kennen. Wir sahen uns und wussten sofort, dass wir zusammen gehören. Von da an war unsere Beziehung ein auf und ab. Dass er krank war und uns deshalb nicht viel Zeit bleiben würde, wusste ich vom ersten Tag an. Ich konnte fühlen, wenn er mich mit einem Besuch überraschen wollte – und wenn es ihm schlecht ging. Manchmal war mir das sogar unheimlich. Durch meine Intuition habe ich es einmal geschafft, ihm das Leben zu retten.

Als er am Ende im Krankenhaus lag, wusste ich, dass dies das letzte Mal ist, an dem wir uns sehen würden. Er kam dann zwar noch einmal für eine Woche nach Hause, wir konnten uns damals aber leider nicht sehen. An einem Sonntag musste er wieder in die

Klinik. Montags hatte ich heftige Kopfschmerzen die dienstags noch schlimmer wurden. Mein Gefühl sagte mir, dass er auf die Intensivstation verlegt wurde. Später stellte sich heraus, dass es genau so war. Mittwochs hatte ich dann endlich einen freien Tag und bin zu seiner Schwester gefahren, denn wir wollten ihn gemeinsam in der Klinik besuchen. Wir wussten, dass nicht mehr viel Zeit war und fuhren so schnell es ging zum Krankenhaus. Unterwegs sagte ich ganz plötzlich zu seinen Geschwistern: „Ihr könnt nun langsam fahren, denn er hat seine letzte Reise angetreten". Du kannst dir sicherlich denken, dass die dachten, ich sei verrückt. Aber er ist tatsächlich genau in diesem Moment verstorben, in dem ich sagte, er hat nun seine letzte Reise angetreten. Als er starb, waren meine Kopfschmerzen sofort weg. In den folgenden Tagen und Wochen war ich natürlich sehr verzweifelt, ich denke du weißt, wie ich das meine. Ich konnte mich nicht richtig von ihm verabschieden und das hat mich sehr unglücklich gemacht.

Am folgenden Wochenende spürte ich dann während ich mich abends in den Schlaf weinte, dass ich nicht alleine war. Jemand streichelte mir die Haare aus der Stirn, so wie nur er es immer getan hatte. Ich merkte dann immer öfter, dass da etwas war. In meiner Unwissenheit suchte ich Rat bei einer Kartenlegerin. Seit ich sie kenne, habe ich den Mut, diese Ereignisse geschehen zu lassen. Plötzlich platzen Glühbirnen, Lichter gingen an und aus, ich fühlte Wärme im Rücken. Ich suchte nach Antworten und bekam sie auch. Ich sagte: „Wenn du da bist, dann lass bitte die Kerze ausgehen". Kaum hatte ich es ausgesprochen, ging die Kerze tatsächlich aus. Manchmal konnte ich ihn sehen und wenn es mir besonders schlecht ging, versorgte er mich mit Energie. Heute bin ich für diese schmerzvolle Zeit und für diese Beziehung sehr dankbar. Dieses Kapitel in meinem Leben hat mich sehr verändert. Ich bin dankbar für seine Liebe und dass er mich auf diesen Weg gebracht hat.

Die Kartenlegerin sagte mir, dass ich die Fähigkeit zum Hellsehen und Hellfühlen hätte und über eine sehr ausgeprägte Intuition verfüge. Sie hat mir auch gesagt, dass mein Freund durch mich wiedergeboren wird. Da ich bis jetzt (ich bin 37) keine Kinder habe, bin ich gespannt ob sich das tatsächlich noch bewahrheitet. Mein jetziger Partner wäre der Vater und ich bin sicher, es würde nicht lange dauern, bis ich es wissen würde, ob unser Kind mein damaliger Freund wäre. Aber eines weiß ich jetzt schon: Es wird bestimmt ein Mädchen, denn das wollte mein „Engel" immer sein. Ich sende dir viel Kraft und Licht, Susi

K.N. schrieb:
Ich habe deine Bücher förmlich verschlungen. Ich habe schon 100 Bücher zu diesem Thema gekauft, habe aber irgendwie alle nur angefangen zu lesen, konnte bei den meisten Büchern mit dem Inhalt nichts anfangen. weil sie mir nicht die erhoffte Hilfe brachten und auch nicht die Antworten gaben, nach denen ich immer suchte. Meine Antworten habe ich zwar immer noch nicht, aber ich weiß jetzt, dass es einen Weg gibt, sie zu erhalten. Den Schlüssel dazu habe ich in deinen Büchern gefunden. Es ist zwar absolutes Neuland, auf das ich mich begebe, aber auch wenn ich noch nicht so recht weiß, wie ich mich vorwärts bewegen soll, so habe ich jetzt doch ein Gefühl von Vertrauen in mir, das mir 42 Jahre lang vollkommen fremd war. Und es fühlt sich richtig gut an, irgendwie zu wissen, man ist nicht alleine. Und es ist egal, wie und was kommt. Am Ende wird alles gut. Dafür möchte ich dir ein großes Dankeschön aussprechen und ich hoffe, noch einiges von dir zu lesen.

Und damit gleich zu meiner Frage: Unterscheiden sich die Seelen von Tieren und Menschen im jenseitigen Reich ähnlich wie hier? Du hast das Thema kurz angeschnitten (witzigerweise kam das Kapitel gerade, als ich mir beim Lesen diese Frage stellte). Es gibt so viele Menschen, die wie ich ihr Tier so sehr lieben, dass sie es vor Sehnsucht nach ihm kaum aushalten können, wenn es gestorben ist, aber leider wird den Tieren in den Büchern meist nicht mehr als ein Satz oder ein kleines Kapitel gewidmet. Wenn man zehn Jahre lang intensiv mit einem Tier zusammen lebt, ist das eine Verbindung von zwei Seelen, die oft viel tiefer und vertrauter ist, als das jemals zu einem Menschen möglich war. Ich hoffe, du denkst nicht, ich sei eine arme Irre und kannst mir ein wenig helfen, zu verstehen. Ich grüße Dich ganz lieb und wünsche dir, dass deine Engel die Sonne in deinem Herzen ewig scheinen lassen.

Meine Antwort an K.N.:
Es überrascht mich immer wieder, dass wir Menschen so wenig über die Tierseelen wissen. Auch ich hatte viele Jahre keine Ahnung, sonst hätte ich mich oftmals nicht so leichtfertig von Tieren getrennt. Ich kam immer an Männer, die keine Tiere leiden mochten und wenn sie darauf bestanden, mein Tier wegzugeben, habe ich mich immer für den Mann entschieden. Natürlich gibt es auch ein Weiterleben nach dem Tod für die Tiere. Nur wird dich ein Löwe im Jenseits nicht mehr anfallen und verspeisen wollen. Sie haben genau wie du und ich eine unsterbliche Seele. Als ich das letzte Mal bei einem Medium war, da sagte es zu mir, „dein Vater steht hier mit einem Hund." Mein Vater hatte immer einen Hund an seiner Seite. Es ist die Liebe, die uns verbindet und es ist auch die Liebe, die uns wieder zusammenführt, egal ob Mensch oder Tier. Alles was wir auf Erden lieben, das werden wir auch auf der

anderen Seite wiedertreffen, auch die Tiere, die wir lieben.

Eines Abends stand an meinem Bett eine weiße Katze. Sie legte ihre Pfötchen auf mein Bett und wir starrten uns gegenseitig an. Ich habe mir viele Gedanken darüber gemacht, denn nach kurzer Zeit war sie wieder verschwunden. Es war der Ätherkörper einer weißen Katze. Erst Monate später wusste ich, was es zu bedeuten hatte. Als ich in Südafrika lebte, hatte ich eine weiße Katze. Ich hatte sie als Baby im Garten gefunden, sie war eine kleine Wildkatze. Sie fauchte jeden an und niemand glaubte, dass man sie jemals zähmen könnte. Ich nahm sie mit und sie war innerhalb kurzer Zeit handzahm und wurde eine ganz besonders liebe und anhängliche Katze. Irgendwann kam ich von der Arbeit nach Hause und die Katze war nicht mehr da. Ich fragte meinen damaligen Mann, wo sie sei. Er meinte nur, dort wo sie hingehört, bei einer Familie mit Kindern und einem Garten. Er versuchte mich zu überzeugen, dass er das Richtige getan hatte. Nach ein paar Wochen wollte ich sie besuchen, aber die Familie sagte, die Katze sei verstorben, denn sie hätte von dem Tag an, als sie zu ihnen kam, nichts mehr fressen wollen. Ich habe sehr viel darüber geweint, denn ich konnte nicht verstehen, warum diese Leute mir das Tier nicht mehr zurückgegeben hatten. Das ist ein Beispiel für die starke Liebe zwischen Mensch und Tier.

Nun hat meine Mutter eine weiße, Heilige Birma-Katze und sie sagte mir am Telefon, „Kind, seit du weg bist, hat die Katze nichts mehr fressen wollen." Als ich zurückkam, hat sie sich zwar gefreut, zeigte mir aber ganz deutlich, dass sie über meine Abwesenheit sehr verärgert war.

Du wirst diese Tiere, die du einmal geliebt hast, auf der anderen Seite immer wiederfinden, sofern du es willst.

Heute hat mich ein Brief erreicht, der mich sehr traurig machte. Bereits als ich den Briefkasten leerte und ihn in der Hand hielt, überkam mich die Traurigkeit und ich wusste sofort, dass Kurt aus Spanien verstorben war. Als ich den Brief dann öffnete und las, wurde meine Vorahnung leider bestätigt.

Rita schrieb mir aus Spanien:
Liebe Marlene, als ich an Weihnachten den dritten Band deiner Bücher bekam, da ahnte ich noch nicht, wie viel mir das Buch einmal bedeuten sollte. Am 2. Mai 2008 verstarb mein Mann Kurt. Ende März platzte ein Geschwür im Magen und er kam nach Palamos ins Krankenhaus und wurde operiert. Zwei Tage später traten Komplikationen auf und er musste in die Klinik nach Gerona gebracht werden. Dort wurde er noch einmal operiert. Er kam dann sechs Tage auf die Intensivstation und ein paar Tage später wurde festgestellt, dass sich ein Thrombus gebildet hatte. Mein Mann bekam Atemnot, wurde in ein künstliches Koma versetzt und drei Wochen später an eine Herz-Lungenmaschine angeschlossen. Danach versagte sein Herz. Ich hoffte und betete, aber Gott hat es anders gewollt, er hat ihn zu sich genommen. In all den Wochen konnte ich nur in deinen Büchern lesen. Als wir dann zum letzten Mal im Krankenhaus eintrafen, nahm ich Kurt noch einmal in den Arm und sagte: „Wir werden uns wiedersehen, du gehst ja nur voraus und du weißt jetzt, dass Marlene in ihren Büchern Recht hatte." Obwohl Kurt da bereits tot war, blinzelte er mit den Augen, als ich dies sagte. Miriam, die neben mir stand, wunderte sich: „Was hast du ihm gerade gesagt, er ist doch tot, aber er hat gerade wieder mit den Augen gezwinkert. Bitte liebe Marlene, melde dich bei mir, denn es gibt noch so viel zu sagen.

Gleich als ich den Brief erhalten habe, rief ich Rita an, denn Kurt war/ist ein wunderbarer Mensch, der nicht nur mir, sondern ganz vielen Menschen geholfen hat. Man kann sagen, er ist ein ganz besonderer Mensch. Rita berichtete mir, dass ganz viele Dinge, über die ich in meinen Büchern geschrieben hatte, sich nach seinem Tod tatsächlich bewahrheitet haben. Sie kann die Nähe ihres Mannes spüren. Und kurz nach seinem Tod sah sie ganz genau wie ich das helle Licht, das sich im Raum auf und ab bewegte. Ich schrieb darüber, als mein Vater starb.

Kurt liebte Uhren und war von Beruf Elektromeister. Nun hat mir Rita berichtet, dass jedes Mal, wenn Besuch kommt, der Wecker anfängt zu läuten, obwohl er nicht aufgezogen war, z.B. als ihre Enkelkinder aus Deutschland zu Besuch kamen. Es ist ein Zeichen, dass Kurt auch bei ihnen ist und an ihrem Leben weiterhin teilnimmt.

Ihre zweieinhalbjährige Enkeltochter sagte zu ihr: „Weine nicht, denn der Opa ist oben bei den Engeln, ihm geht es gut. Bis dahin hatte aber noch niemand der Kleinen etwas über den Tod und über Engel berichtet. Man war der Meinung, sie sei dafür noch viel zu klein.

Marianne schrieb:
Ich habe deine drei Engelbücher alle innerhalb kürzester Zeit verschlungen. Wenn man beginnt, eines deiner Bücher zu lesen, dann kann man nicht mehr aufhören. Das ist mir im Sommer auf dem Liegestuhl passiert und ich habe mir dabei einen mächtigen Sonnenbrand eingehandelt. Aber das war es mir wert. Ich wurde auf deine Bücher durch meine „Engelfreundin" Gabi M. aufmerksam. Sie hat die Bücher bestellt und wir haben sie schon oft bei

unserem monatlichen Engelstammtisch in Bayreuth weitergegeben. Alle sind der gleichen Meinung wie wir: „Deine Bücher sind super, mit sehr viel Herz geschrieben. Man merkt einfach die Engel, die hinter dir stehen und mir gefällt am besten daran, dass nicht irgendein hochtrabendes, esoterisches, unverständliches Zeug geschrieben wird, sondern so einfach, dass es für jeden verständlich und nachvollziehbar ist.

Ich habe meine Freundin Gabi vor zwei Jahren über ein Inserat kennen gelernt und zwar hat sie Leute gesucht, die sich mit ihr über Engel unterhalten wollen. Ja, jetzt weiß ich, es gibt gar keine Zufälle, aber was uns bis heute so alles mit unseren Engeln passiert ist, deckt sich genau mit deinen Berichten.

Mittlerweile gehören unsere Engel zu uns, wie unsere Familien und wir haben durch sie viele weitere spirituelle Menschen kennen gelernt, die auch mit Engel arbeiten. So zum Beispiel unseren Karl, einen liebenswerten Mann Ende Fünfzig, er ist Geistheiler. Er hat diese Gabe in die Wiege gelegt bekommen und uns schon sehr oft mit seiner Energie geholfen. Wir beide, Gabi und ich, haben bereits Reiki-Einweihungen und konnten uns so auch für seine Hilfe bedanken. Ich arbeite täglich mit Reiki und meinen Engeln, vor allem mit Erzengel Raphael.

Auch hat mir mein Schutzengel damals nach meiner Trennung von meinem Lebensgefährten das Leben gerettet. Eine unsichtbare Hand hat mich zurückgehalten, sonst wäre ich in ein Auto gelaufen und es war auch noch ein Polizeiauto, die haben mich damals ganz schön fertig gemacht. Dann war ich mit Gabi in Bayreuth auf einer Esoterikmesse und mein Vater, der 1980 an Krebs verstorben ist, hat sich durch ein Medium gemeldet, das aus München kam und mich nicht kannte. Ich habe so etwas nie für möglich gehalten. Jetzt weiß ich, dass das alles keine Spinner sind, die so etwas behaupten. Außerdem war mein Papa öfter bei mir, ich habe seinen Pfeifentabak gerochen, obwohl ich alleine wohne und nicht rauche. Auch habe ich Engelkarten, von denen ich meine Antworten erhalte. Ich könnte dir so viele wunderbare Dinge erzählen von unseren Engeln, aber damit kämen zu viele Seiten zusammen und du hast ja auch bereits sehr viel selbst erlebt. Übrigens habe ich auch schon oft Federn bekommen und bei Gabi tauchen Rehe oder Hasen auf, wenn die Antwort ja sein soll. Das Lustigste war, dass einmal der Hase in Form eines Riesenhasen auf dem Schulranzen eines Kindes auftauchte. Ach es wäre schön, wenn wir uns einmal treffen könnten, einfach nur so zum Erzählen, was uns schon alles passiert ist mit den Engeln.

Ganz in meiner Nähe ist die Wallfahrtskirche „Marienweiher" (bei Kulmbach). Dort ist auch sehr viel Energie, dort gehe ich oft hin und wir waren auch schon öfters in Heroldsbach bei Forchheim, wo seit 1950 immer wieder Marienerscheinungen sein sollen. Marlene, dort ist so eine Energie! Man merkt sofort, dass uns unsere Engel und die Mutter Gottes dort ganz nahe sind.

Ich möchte dich ermutigen weiter zu schreiben, denn ich finde dich und deine Bücher grandios, obwohl das noch zu wenig ist, mir fehlen dazu die Worte. Wäre schön, wenn wir mal von dir hören würden oder wir uns vielleicht bei uns in Bayreuth treffen könnten. Ach eines vielleicht noch, wir haben auch einen Esoterik-Stammtisch, einmal im Monat, unabhängig von unserem Engel-Stammtisch. Vielleicht könntest du mal zum Thema Engel und Jenseitige referieren? Aber das war nur so ein Gedanke, ich möchte auch nicht aufdringlich erscheinen, aber ich meine es ehrlich.

Wenn du willst, kann ich dir noch mehr über die Erfahrungen mit unseren Engeln berichten, natürlich auch von anderen Menschen und Kindern. Meine Freundin, eine ältere, sehr spirituelle Frau, so um die 70 Jahre, kann auch Verstorbene wahrnehmen und sie auch sehen. Sie hat eine Tochter, die immer wieder ihren verstorbenen Vater (er ist in den USA verstorben) durch seinen Zigarettenrauch wahrnimmt. (In ihrer Familie raucht sonst niemand). Auch die Enkelin habe ich gefragt, ob sie schon einmal einen Engel gesehen hat und sie hat mir mit „Ja" geantwortet. Daraufhin habe ich sie gefragt, wie er ausgesehen hat und sie hat gesagt: „Nicht wie die Engel zu Weihnachten, aber es war eine wunderschöne Lichtgestalt in allen Farben. Ich habe mich über dieses Thema auch mit einer Arbeitskollegin unterhalten, die mich als Spinnerin ansieht und nicht an Engel glaubt, obwohl sie jeden Sonntag in die Kirche rennt. Sie hat vor Weihnachten einen Kindergottesdienst gehalten, da habe ich zu ihr gesagt, „na dann frag doch mal deine Kinder, ob schon jemand Engel gesehen hat, da wirst du staunen." Später hat sie mir erzählt, dass sie wirklich gefragt hat und sich zwei Kinder gemeldet haben, die ebenfalls von Lichtgestalten gesprochen haben. Das eine Kind sagte sogar, dass ihr Engel bei ihnen am Dach sitzt und sie beschützt. Ich habe so gelacht, als ich das gehört habe.

Dann habe ich noch meine liebe Freundin Angelika, wir kennen uns jetzt schon fast sechs Jahre, sie besitzt auch eine gewisse Hellsichtigkeit, vor allem in Verbindung mit den vielen Katzen, die sie hat. Wenn mal eine nicht nach Hause kommt, kann sie sehen, wo sie ist. Leider hat sie aber auch schon den Tod einer

Katze vorausgesehen und es ist tatsächlich so eingetroffen.

Als ihre Mutter im Sterben lag, saß sie bei ihr im Krankenhaus am Bett. Ganz plötzlich ging das Licht aus und es war nur noch die Notbeleuchtung an. Es war niemand im Raum, der das Licht hätte ausschalten können, denn der Schalter war am anderen Ende des Zimmers und sie war mit ihrer Mutter allein im Zimmer. Als ihre Mutter dann verstarb, sah meine Freundin ganz plötzlich ganz viele, bunte Lichter im Krankenzimmer. Wir sind uns alle einig, dass es Engel waren, die ihre Mutter damals abholten.

Ja, und unsere Engel lassen uns auch immer einen Parkplatz finden, wenn wir einen suchen oder sie reservieren ihn sogar. Letzten Monat hatten wir uns zu unserem Engelabend bei einer Freundin verabredet, und da die Frau (sie ist Astrologin und hellsichtig) das erste Mal mit uns fuhr und sie den Weg nicht kannte, haben wir uns auf einem Parkplatz getroffen und sind dann mit vier Autos von dort weggefahren. Wir mussten an einer Ampel links abbiegen und für gewöhnlich kommt höchstens ein Auto durch, aber nicht bei uns. Unsere Freundin meinte, nachdem wir da waren, „das kann ja wohl nicht sein, da bin ich noch nie auf Anhieb als Linksabbieger rausgekommen und nun gleich mit vier Autos". Wir haben gelacht und gesagt, dass sie heute zu einem Engeltreffen fährt, da läuft immer alles glatt.

Jetzt erzähle ich dir noch etwas aus meinem Leben: In diesem Augenblick, in dem ich gerade schreibe, ist mein Engel bei mir, ich kann ihn ganz klar spüren, er ist rechts neben mir und es ist ganz warm. Seitdem ich mich mit Engeln befasse, sind viele Menschen in mein Leben getreten, die sich auch mit Engeln oder

Spiritualität (aber nur weißer Magie) befassen. Ich selbst bin nicht ganz gesund, ich bin mit meinen 49 Jahren schon an beiden Knien operiert worden und letztes Jahr konnte ich nicht mehr laufen. Ich war lange krank geschrieben und konnte nur mit Hilfe von Krücken laufen. Die Ärzte wollten mir zwei neue Hüften einsetzen. Ich war geschockt, denn ich wohne nach meiner Trennung und Scheidung alleine in einem kleinen Haus mit großem Garten und habe vier Schäferhunde und eine Katze. Ich habe niemanden, der meine Tiere während eines Krankenhaus- und Reha- Aufenthaltes nehmen würde. In eine Hundepension kann ich sie auch nicht geben, das kostet zu viel. Du kannst dir sicher vorstellen, wie verzweifelt ich war. Ich habe dann alle meine Freunde, die auch Reiki, die Heilkraft der Engel, können, um Hilfe gebeten. Sie haben mir täglich Energie geschickt und ich habe mir selbst die Hände aufgelegt und nach einem Vierteljahr konnte ich wieder laufen, als wäre ich nie krank gewesen. Man kann sich gar nicht vorstellen, wie es heiß wird im Körper, wenn die Energie durch ihn fließt. Ich dachte, mein Körper brennt, so viel Hitze war plötzlich in mir. Nun bin ich wieder gesund. Auch das können die Engel. Mein Schutzengel ist der Heiler-Engel Raphael, er hat mir schon sehr oft geholfen.

Der Mann meiner Freundin hatte bereits seit 15 Jahren Schmerzen in seiner Schulter. Meine Freundin bat mich, bei ihm die Hände aufzulegen. Seitdem sind seine Schmerzen weg. Als er sich bei mir bedanken wollte, sagte ich zu ihm, „nicht ich habe dir geholfen, sondern Gott und die Engel, bedanke dich bei ihnen." Aber auch ich habe mich bei den Jenseitigen bedankt, dass ich ihm helfen durfte. Wenn es dir oder auch deiner Mama mal nicht gut geht, dann schreibe mir, vielleicht kann ich euch als Kanal der Engel dienen und helfen. Ich kann diese Energie auch über die

Entfernung schicken, aber ich glaube, das weißt du ja, dass es bei Gott und den Engeln keine Entfernung und keine Zeit und keinen Raum gibt.
Ich freue mich schon auf dein nächstes Buch und vielleicht kommen wir, Gabi und ich, dich einmal besuchen, dann können wir dir noch viel mehr über unsere Erlebnisse mit den Engeln berichten. Aber schreibe weiter deine Engelbücher, denn wenn man jeden Tag all die negativen Nachrichten und Unglücksfälle sieht, all die negativen Menschen, die haltlos umherirren, dann darf man nicht aufgeben über unsere Engel zu schreiben. Ich denke, es werden auch immer mehr Menschen, die über den Sinn des Lebens nachdenken und daran glauben. Auch ich werde bestimmt manchmal als Spinnerin hingestellt, aber das ist mir mittlerweile egal. In meinem Job habe ich viel mit negativen Menschen zu tun und das belastet mich sehr. Wir halten zusammen und unsere Engel beschützen uns und schicken uns ganz viel Licht und Liebe. Marianne und Gabi

Carolin schrieb:
Per Zufall kam ich an deine Bücher. Ich habe ganz ohne Ziel im Internet bei Ebay unter ganz anderen Rubriken gestöbert und auf einmal dein neuestes Buch entdeckt. Ich wurde neugierig und habe mir gleich alle drei Bücher über die Engel und Jenseitigen gekauft. Das kam wirklich wie gerufen, denn vor vier Monaten habe ich meinen Sohn Felix in der 34. Schwangerschaftswoche verloren. Das war der härteste Tag in meinem Leben. Ich bin 27 Jahre alt und lebe mit meinem Freund zusammen. Wir sind seit sechs Jahren ein Paar und wir lieben uns sehr. Die Schwangerschaft war nicht geplant, aber eine angenehme Überraschung. Durch eine Operation war klar, dass ich irgendwann ins Krankenhaus gehen musste, denn mein Gebärmutterhals war nur drei Zentimeter dick, normal wären sechs bis neun Zentimeter. Ich arbeitete trotzdem mit der Erlaubnis meines Arztes weiter. Als mein Gebärmutterhals nur noch eineinhalb Zentimeter dick war, wurde ich doch krankgeschrieben und blieb etwa drei Wochen zu Hause. Bei der anstehenden Untersuchung wusste ich, was kommen würde. Ich wurde ins Krankenhaus eingewiesen und durfte nur liegen, denn mein Gebärmutterhals war nur noch einen Zentimeter dick, ich war erst in der 25. Woche und die Wehen setzten bereits ein. Ich bekam Infusionen und durfte nur noch liegen. Nach etwa drei Wochen platzte meine Fruchtblase und ich wurde in ein anderes Krankenhaus verlegt, dort war auch eine Kinderintensivstation. Uns wurde gesagt, dass wir uns darauf einrichten müssten, innerhalb der nächsten Tage Eltern zu werden. Das war ein Schock, aber nach der Untersuchung kam heraus, dass die Möglichkeit bestünde, bis zur 34. Woche die Geburt hinaus zu zögern. Ich kam wieder an einen Tropf und durfte weiterhin nur liegen. So

vergingen die Wochen. Felix entwickelte sich prima, er hatte in der 32. Woche bereits 2000 Gramm.

Am 1. August feierte ich meinen 27. Geburtstag in der Klinik. Es war sehr ungewohnt, aber trotzdem schön. Ich wusste, dass ab Montag das Präparat, dass die Wehentätigkeit unterdrückt, nicht mehr verabreicht werden würde und unser kleiner Felix endlich kommen dürfte. Aber irgendwie hatte ich ein sehr seltsames und ungutes Gefühl. Ich konnte mir nicht erklären warum. Am 2. August gegen 23 Uhr bekam ich ein ganz seltsames Gefühl und ich rief nach einer Nachtschwester. Sofort kam ich in den Kreissaal zur Beobachtung. Ständig versuchte ich, mich zu beruhigen. Nur noch bis Montag, das schaffen wir, machte ich mir immer wieder Mut. Doch es kam alles anders. Am nächsten Morgen, es war der 3. August um 7 Uhr, passierte das Unfassbare: Felix Herztöne hörten plötzlich auf, innerhalb von ein paar Minuten war alles vorbei. Man konnte nichts mehr für ihn tun. Ich schrie voller Verzweiflung, dass das nicht sein könnte, weil es ihm doch die ganze Zeit so gut gegangen war! Keiner konnte sich das Ganze erklären, selbst der Professor der Klinik nicht. Es war schrecklich. Meine beste Freundin kam noch vor meinem Mann zu mir ins Krankenhaus und war für mich da. Ich war in einem Strudel der Gefühle. Ich musste mein totes Kind trotzdem normal zur Welt bringen, es dauerte zehn qualvolle Stunden. Dann durfte ich meinen kleinen Felix sehen, er war wunderschön, 49 Zentimeter groß, mit einem Kopfumfang von 31 Zentimetern und 2400 Gramm schwer. Wir durften uns noch 24 Stunden lang von ihm verabschieden. Das war sehr wichtig für uns. Ich liebe ihn so sehr und es fällt mir verdammt schwer, ihn loszulassen! Aber ich glaube, irgendwie bin ich langsam bereit dazu. Eine Woche nach seiner Beerdigung ging ich zu einem Medium und sie sagte mir, dass es ihm gut ginge und dass es einen Grund dafür gab, dass er gehen musste. Er hätte mich gereinigt und er sei eigentlich eine weibliche Seele.

Kurze Zeit später habe ich geträumt, dass ich Felix meinen Großeltern, die schon verstorben sind, übergeben habe. Das war ein sehr schönes Gefühl, denn ich konnte sie ganz deutlich in einem Licht stehen sehen und es waren noch mehr Lichtgestalten um sie herum, die ich leider nicht erkennen konnte. Das gab mir wieder ein wenig Kraft. Außerdem heißt er Felix, das bedeutet ja der Glückliche, wo ist man glücklicher als dort wo er jetzt sein darf? Ich weiß, dass ich ihn wiedersehen darf, irgendwann, wenn ich meine Aufgabe hier beendet habe. Ich wollte dir noch danken, dass ich mich dir mitteilen konnte, mach weiter so. Du gibst den Menschen Kraft und die Sicherheit, dass man nicht verrückt ist.
Danke! Caro

Ich antwortete:
Liebe Caro, es war ganz komisch, als ich deine Mail erhielt. Meine Tochter saß mit mir zusammen am Computer, denn sie wollte etwas im Internet nachsehen. Ich sagte ihr, dass ich zuerst meine neuen Mails durchlesen möchte. Wie der Zufall es wollte, las auch sie deine Mail mit und am Ende saßen wir beide weinend vor dem PC. Dein Schicksal hat uns beide sehr berührt. Meine Tochter ist auch gerade im siebten Monat schwanger. Wir beide konnten deinen Schmerz fühlen. Auf der anderen Seite wussten wir beide, dass es dafür einen Grund gibt, dass du dein Baby verloren hast. Gott möchte dich nicht bestrafen, denn er ist ein liebender Gott, aber du solltest etwas daraus lernen. Wir Menschen nehmen im Leben immer alles als selbstverständlich hin, die Gesundheit, die Umwelt, die Arbeit, die Menschen die uns lieben. Aber nichts ist

selbstverständlich. Vielleicht ist es deine Aufgabe, einen anderen Weg einzuschlagen, du hast damit angefangen, als du dir Bücher kauftest, die von den Jenseitswelten berichten. Du gingst zu einem Medium, du durftest erleben, wie dein Felix mit deinen Großeltern im Licht ist. Es war für deine Seele ein großartiges Erlebnis. Deine Seele wusste bereits im Unterbewusstsein, dass du dein Kind bald verlieren würdest. Die Seele kennt immer ihren Weg und den Weg der Menschen, die sie liebt. Nur sind wir nicht mehr so empfänglich für unsere Seele, weil wir in der heutigen Zeit viel zu sehr mit dem Überlebenskampf beschäftigt sind. Ich bewundere dich, wie du mit deiner Trauer umgehst. Dein Felix wird immer bei dir sein, denn Menschen, die sich lieben, sind immer miteinander verbunden. Im Diesseits oder im Jenseits. Ich bin mir ganz sicher, er wird wieder einen Weg finden, zu dir zu kommen. Es gibt Seelen, die gehen nicht gerne auf diese Welt, weil sie hier zu sehr eingeschränkt sind, sie gehen deshalb wieder zurück. Dein Felix wird auch im Jenseits sehr geliebt.

Ich umarme dich ganz lieb und bitte Gott, dir ganz viel Liebe, Licht und Kraft und Gesundheit zu senden, damit du aus diesem Tief wieder gestärkt hervorgehen kannst. Ich glaube, dein Brief wird vielen Menschen helfen.

Caro schrieb:
Danke für dein Mitgefühl und deine liebe E-Mail. Wünsche bitte deiner Tochter alles erdenklich Gute und ich werde meine Engel für sie mobilisieren, für ihre Gesundheit und für das kleine Lebewesen. Die Engel sollen ihr ganz viel Liebe und Kraft schicken. Es gibt immer einen Weg mit allem zurecht zu kommen. Man darf nie die Hoffnung und den Glauben verlieren. Ich spüre fast jeden Tag, dass irgendjemand oder

irgendetwas um mich herum ist, man ist wirklich niemals alleine, auch wenn man das Gefühl hat man ist völlig verlassen auf dieser Welt. Ich habe vor ein paar Tagen von meiner Freundin, die auch gewisse seherische Fähigkeiten hat, ein Engel-Heil-Orakel bekommen. Ich hatte irgendwie Angst davor, mich bei meinem Arbeitgeber zu melden. Ich benutzte das Heil-Orakel und was soll ich sagen, es hat wirklich funktioniert und mir die Angst genommen. Ich fragte meine Engel, was mich auf meiner Arbeitsstelle erwarten wird und dann zog ich die Karte Harmonie. Nach ungefähr einer Woche hatte ich den Mut, bei meiner Personalchefin anzurufen und sie war sehr erfreut, etwas von mir zu hören. Morgen werde ich meine Kollegen besuchen. Ich fange erst im Dezember wieder an zu arbeiten. Würde mich riesig freuen wenn du ein neues Buch schreiben würdest. Versuche bitte, einen kleinen Teil des Buches den jungen bzw. Baby-Seelen zu widmen. Es gibt so viele Menschen, die deine Hilfe brauchen. Einen lieben Dank von mir, von Felix und meinen Engeln, Caro.

Meine Antwort an Caro:
Ich finde es beeindruckend, dass du so viel Liebe im Herzen trägst und während du noch um dein Baby trauerst, andere Menschen aufrichten kannst und du dich mit ihnen freust, wenn sie ein Baby bekommen. Das zeigt, dass du an dieser Situation sogar noch gewachsen bist, wenn sie auch noch so traurig ist. Es ist schön, dass du die Energie der Jenseitigen um dich herum spürst. Ich spüre sie täglich. Besonders, wenn ich zur Ruhe komme. Dann merke ich, wie die Menschen und die Wesen, die ich liebe, um mich herum sind. Man fühlt sich sehr beschützt. Ich werde versuchen in einem anderen Buch etwas über junge Seelen zu schreiben, du hast sicher dazu beigetragen.

Felix wird immer bei dir sein. Ganz liebe Grüße und viele Engel, die dich trösten, sendet dir Marlene

Christine L. schrieb:
Erst einmal herzlichen Dank für die Zusendung der Email-Adresse von John Olford. Habe im Februar einen Termin bei ihm erhalten. Lese nun schon Ihr drittes Buch und muss Ihnen sagen, dass auch dieses wieder wunderbar geschrieben ist. Ich habe zwei unerklärliche Dinge erlebt, die ich nicht deuten kann. In den frühen Morgenstunden habe ich beim Spaziergang mit dem Hund meiner Mutter einen großen hellblauen Kreis neben mir bemerkt. Er war allerdings nur Sekunden sichtbar, sodass ich glaubte, es mir nur eingebildet zu haben. Vor ein paar Tagen habe ich zu der Wohnung, in der mein verstorbener Bruder wohnte, hochgeschaut. Über das ganze Badezimmerfenster war ein leuchtendes Kreuz zu sehen, einfach wunderschön. Diesmal war meine Tochter dabei und auch sie konnte dies sehen. Sind das Zeichen, die mir jemand sendet? Würde mich über eine Antwort von Ihnen freuen und hoffe, dass Sie noch weitere wunderbare Bücher schreiben.

Ich antwortete:
Ich kann dir versichern, dass das geschilderte Erlebnis das du hattest keine Einbildung war.

Mir passierte ähnliches. Mitten in der Nacht wurde ich wach und sah ein riesengroßes Kreuz, das leuchtete, neben meinem Bett stehen. Ich konnte deutlich die Farben gelb und rot erkennen. Ich war damals schwer krank und dachte, „meine Zeit ist gekommen, nun werde ich von den Jenseitigen abgeholt." Aber heute weiß ich, dass jemand kam, um mich zu heilen. Ich hatte 10 Tage trotz Einnahme von Antibiotika 41,5 Fieber und hätte unter diesen Umständen, in ein Krankenhaus gehört. Aber heute bin ich mir sicher, dass jemand kam um mich zu heilen, denn ein paar Tage später war ich wieder gesund.

Dann ist Ingrid und mir am Silvestertag 2007 folgendes passiert. Wir verließen alle das Haus um uns das Silvesterfeuerwerk anzusehen. Ingrid war sehr traurig, weil ihr geliebter Mann, den sie vor ein paar Jahren verloren hatte, nicht dabei sein konnte. Ich nahm sie in die Arme, drückte sie und sagte: „Ingrid, sei nicht traurig, denn er feiert mit uns." Sie schaute mich mit feuchten Augen an und sagte, „meinst du wirklich?" Plötzlich sah ich auf, weil mir ein runder Kreis, der über uns schwebte auffiel. Ingrid folgte meinem Blick und schaute ebenfalls wie gebannt auf den runden Kreis. Er sah aus wie ein Heiligenschein. Ich fragte: „Siehst du auch, was ich gerade sehe?" Ingrid sagte: „Ich kann es auch sehen und ich bin so glücklich über dieses Zeichen, aber wer ist es?" Ich war mir ganz sicher, es war ihr verstorbener Mann, denn ich konnte es richtig spüren. Nach diesem Erlebnis war Ingrid wie ausgewechselt. Und ich war glücklich über das Zeichen, das er ihr gegeben hatte und bestätigte, dass er mit uns feiert. Ingrids Mann war tatsächlich bei uns. Erfreue dich an den wunderbaren Dingen der Jenseitswelten. Es gibt noch viel, viel mehr, nur die Menschen nehmen diese Dinge nicht wahr. Bei John Olford wirst du dich sicher gut aufgehoben fühlen. Nimm eine Kassette mit, denn John nimmt alles auf Band auf.

Christine schrieb:
Vielleicht sollte ich dir noch etwas aus meinem Leben berichten, was mich sehr beschäftigt und auch unerklärlich für meine Familie ist. Ich bin von meinen Eltern christlich erzogen worden und bete täglich. Ständig war ich bestrebt, anderen Gutes zu tun. Vor etwa zwei Jahren wurde mein Verhalten plötzlich anders. Ich wurde zänkisch, ja man kann sagen, irgendwie war ich wirklich bösartig, allerdings nur mit Worten. Meiner Tochter gegenüber rutschte mir sogar

einmal die Hand aus. Abends im Bett wurde mir alles bewusst und ich wollte nicht mehr so sein. Ich kam mir vor wie fremdgesteuert. Das war schrecklich, besonders für meine Familie. Ich betete, ich wollte nicht so sein und auch mein Mann wünschte sich seine „alte" Christine zurück. Mit dem Tod meines Bruders hat sich dann alles wieder verändert. Ich bin wieder ich selbst, schreie nicht mehr, streite mich nicht mehr und bin bemüht, Gutes zu tun. Alle sind glücklich, aber muss man erst einen Menschen verlieren, um christlich zu leben und zu lieben? Dies frage ich mich seither sehr oft. Leider habe ich seitdem auch Angstgefühle, kann nicht mehr allein sein, habe das Gefühl, jemand würgt mich. Ich hoffe, all diese Dinge werden sich bald wieder normalisieren. Christine

Ich antwortete:
Ich kann dir nur sagen, dass der Verlust eines besonderen Menschen einen sehr verändern kann. Vor allem stellt man fest, dass das Leben und das Zusammensein auf unserer Welt nicht für immer ist. Auch wir sind sterblich, das hat sich sicher bei dir geändert. Es kann aber auch sein, dass dein Bruder dir sehr oft beisteht und dir positive Gedanken schickt. Verstorbene können unser Leben mehr beeinflussen, als wir denken. Sie senden uns gute und positive Gedanken.

Christine schrieb:
Es ist mir ein Bedürfnis, dir wiederum für deine Ratschläge herzlich zu danken. Ich möchte dir ungern noch mehr Arbeit aufbürden, denn ich weiß doch, dass dir so viele Menschen schreiben, die von dir so großartige Hilfe erfahren dürfen, wie auch ich. Dank deiner wunderbaren Bücher fallen mir nun Dinge auf, die für mich früher keinerlei Bedeutung hatten. Auch deine Aussage, dass Gebete erhört werden, kann ich

nur bestätigen. Mein Mann erlitt vor fünf Jahren einen Herzinfarkt und musste reanimiert werden. Sein bester Freund war bei ihm und hat direkt nachdem er den Notarzt gerufen hatte, meine Nummer gewählt. Ich habe nur das Stöhnen meines Mannes vernehmen können und es war ein furchtbarer Moment für mich. Die Notärztin musste meinen Mann reanimieren. Er war schon klinisch tot. Noch heute erzählt er mir, was er in diesem Zustand erlebt hat. Zuerst hörte er noch meine Stimme und meinte, mir gesagt zu haben, dass er mich liebt. Danach wurde ihm sehr warm, eine wohlige Wärme durchströmte seinen Körper. Er konnte genau sehen, was die Notärztin mit ihm anstellte und wollte sie eigentlich zurückhalten, da es ihm in diesem Zustand doch so gut ging. Die Notärztin schaffte es, ihn wieder ins Leben zurückzuholen, aber er empfand dies als Qual, denn seine fürchterlichen Schmerzen und die furchtbare Kälte waren wieder da. Zu Hause bin ich die ganze Zeit nur hin- und hergelaufen und habe gebetet, ja ich habe den Herrn angefleht, mir meinen Mann nicht zu nehmen. Er hat mein Bitten erhört. Obwohl mein Mann früher nicht gläubig war, ist er nun sicher, dass es nach dem Tod weitergeht und er hat keine Angst mehr vor dem Sterben, denn so wie er sagt, wird alles nur besser und schöner. Es sind noch viel mehr Dinge in meinem Leben passiert, die mir allerdings erst nach dem Lesen deiner Bücher bewusst wurden und darum bitte ich dich, schreibe weiter, überzeuge die Menschheit, denn das scheint deine Aufgabe im Leben zu sein. Dass dir viele Engel zur Seite stehen, merkt man in jedem Satz. Du bist auserwählt, den Menschen all dies näher zu bringen und ich bin sehr glücklich, dich über diesen Weg kennen gelernt zu haben, Christine.

Ich antwortete:
Liebe Christine, ich muss dir sofort schreiben, denn mir ist etwas Wunderbares passiert, als ich deine Mail las. Du kannst noch nicht wissen, dass es mir in letzter Zeit gelingt, noch viel besser und einfacher mit der anderen Seite Kontakt aufzunehmen und Antworten auf meine Fragen zu bekommen. Ich schreibe darüber erst in meinem vierten Buch. Durch Klicken in meinem Ohr erhalte ich Antworten auf meine Fragen. „Nein" heißt einmal Klicken in meinem Ohr und bei „ja" klickt es dreimal. Als ich den Satz von dir las: „Und darum bitte ich dich, schreibe weiter, überzeuge die Menschheit, denn das scheint deine Aufgabe im Leben zu sein. Dass dir viele Engel zur Seite stehen, merkt man in jedem Satz. Du bist auserwählt, den Menschen dieses nahe zu bringen und ich bin sehr glücklich, dich über diesen Weg kennen gelernt zu haben", da klickte es dreimal in meinem Ohr. Ich war so gerührt, dass ich weinen musste. Es wurde mir damit auch von der anderen Seite bestätigt, was du sagtest. Vor allem die Aussage: „Schreibe weiter".

Was dein Mann erlebt hat, ist die wirkliche Realität und ich bin froh, dass es trotz aller Anfeindungen noch immer ein paar Menschen gibt, die über ihre Gefühle reden. Mit diesen Berichten und Erlebnissen kann man anderen Menschen sehr viel helfen. Das möchte ich mir auch zur Aufgabe machen. Marlene.

Petra schrieb:
Ich schreibe dir heute, weil ich etwas auf dem Herzen habe. Eine Freundin bat mich, mit dir Kontakt aufzunehmen, weil sie ihren Hund einschläfern lassen musste, der sehr krank war. Er war ihr ein und alles und sie ist jetzt sehr traurig und wollte gerne wissen, ob es auch für die Tiere, wie bei den Menschen, einen Ort gibt, an dem ihr Devil – so heißt ihr Hund – jetzt ist

und ob es ihm dort auch gut geht. Sie beschäftigt sich sehr mit Engeln, aber sie weiß nicht, wie es bei Tieren ist. Es wäre sehr schön, wenn du mir helfen könntest, denn er war ein so lieber Hund und auch mir tut es weh, dass er nicht mehr da ist. Wie geht es dir? Ich würde mich freuen, wenn ich mal wieder etwas von dir hören würde.

Ich antwortete:
Es gibt auch die Engel der Tiere. Falls du das blaue Buch von mir hast, da habe ich ein ganzes Kapitel über Tierseelen geschrieben. Wenn man Verbindung zu einem Tier hat, wird man diese Verbindung auch weiterhin im Jenseits haben. Man kommt wieder mit dem Tier zusammen.

Mein Vater kam aus dem Jenseits zu einem Medium, zusammen mit meinem Lieblingshund Centa. Ich bin mit ihm aufgewachsen, lag mit ihm in der Hütte und habe mit ihm aus einem Napf gegessen. Als er starb, war ich sehr traurig und habe sehr viel geweint. Er war wie ein Teil von mir.

Aber gib ihr das Buch über die Tierseelen. Tiere, die niemand gehören, haben ihre eigene Ebene. Die anderen sind an der Seite ihrer früheren Besitzer für immer vereint. Keine Seele geht verloren, auch nicht die Seele eines Tieres.

Inse schrieb:
Ganz lieben Dank, dass du das Buch so schnell verschickt hast. Ich beneide dich sehr um den Kontakt zu den Engeln und den verstorbenen Menschen. Ich wünsche es mir auch sehr (vielleicht zu sehr?), aber mir passieren diese Dinge leider noch nicht. Außer vor fünf Jahren, da war ich auf Reha, über 300 Kilometer von zu Haus entfernt, aber zu dem Zeitpunkt, an dem

mein Vater verstorben ist, habe ich ihn ganz deutlich bei mir gespürt. Er hat sich wohl von mir verabschiedet. Meine Schwester rief an und ich konnte ihr die genaue Zeit seines Todes sagen.

Ich habe der Schwester einer Kollegin, die sehr engen Kontakt zu ihren Engeln hat, ein Foto meiner verstorbenen Schwester gegeben und sie konnte auch mit meiner Schwester Kontakt aufnehmen. Sie sagte, sie war wunderschön und von einem ganz hellen Licht umgeben. Mona (meine Schwester) sagte, sie ruhe sich aus und dass sie mich sehr liebt. Es hat mir sehr geholfen, mit dem Verlust umzugehen.

Meine Antwort an Inse:
Ich weiß mit Sicherheit, dass deine Schwester dich sehr liebt. Bei mir hat es auch viele Jahre gedauert, bis ich Kontakt zu Engeln und Verstorbenen bekam. Wenn sie dich als ihr Werkzeug wollen – Gott und die Jenseitswelten – dann gehen sie ganz bedächtig vor. Sie wollen dir ja nicht schaden und sie wollen dir auch keine Angst einjagen. Deshalb werden diese Dinge nur ganz langsam vonstatten gehen. Außerdem kannst du ganz viel in guten Büchern erfahren. In diesem Bereich gibt es sehr viele schöne und gute Bücher. Ganz liebe Grüße und sei nicht traurig, denn alles ist vorbestimmt und es kommt, wie es kommen muss. Marlene.

Andrea E. schrieb:
Ich hatte ein Erlebnis, von dem ich dir berichten möchte. Es geht um meine Nachbarin, sie ist an Krebs erkrankt. Seit einiger Zeit kam es zu einem erneuten Ausbruch der Krankheit. Ohne zu wissen, wie es ihr geht, überkam mich ein komisches Gefühl. Als nachts bei mir um 0.10 Uhr plötzlich das Telefon läutete (ohne Hinweis auf dem Display) und 20 Minuten später noch einmal, brachte ich es unwillkürlich in Verbindung mit

meiner Nachbarin Regina. Es läutete genau dreimal, dann hörte es auf. Das kam mir sehr seltsam vor. In den nächsten Tagen fragte ich mich ernsthaft, ob es wohl ein Anruf aus der Nachbarschaft war. Brauchte jemand meine Hilfe? Dann fiel mir auf, dass bei Regina niemand zu Hause war. Ihren Mann hatte ich auch schon lange nicht mehr gesehen, um ihn fragen zu können.
Es vergingen zwei Wochen, da traf ich Reginas Mann und er bestätigte mir, dass es ihr sehr schlecht ginge. Ich fragte, ob ich sie besuchen dürfte. So beschloss ich, so schnell wie möglich zu ihr ins Krankenhaus zu fahren. Hierbei hatte ich nur einen Wunsch, die Medaille der Heiligen Mutter Gottes, die du mir einmal geschickt hast, Regina ins Krankenhaus zu bringen. Obwohl ich große Bedenken hatte, denn ich wusste ja nicht, welcher Glaubensgemeinschaft Regina angehörte. Wider Erwarten freute sie sich sehr und befestigte den Anhänger gleich an ihrer Halskette. Mein einziger Gedanke war: „Egal was passiert, die Gebete für sie und der Marienanhänger werden Regina bestimmt helfen." Darum bat ich auch dich, liebe Marlene, um deine Unterstützung im Gebet.

Ein paar Tage später, als ich gerade mit meinem Hund spazieren ging, hatte ich ein ganz besonderes Erlebnis. So etwas war mir noch nie passiert. Es war auch ganz bestimmt keine Einbildung. Als ich ganz in Gedanken bei Regina war, sprang mein Hund plötzlich ins freie Feld. Er rannte etwa 20 Meter weg von mir, bellte wie wild und sprang hin und her. Erschrocken sah ich mich um. Kein Mensch und kein Tier war zu sehen, einfach nichts. Auf einmal beruhigte er sich wieder und gab seine Pfote ins Leere. Als ob da jemand wäre, dem er seine Pfote reichte. Ich traute meinen Augen kaum. Innerhalb von ein paar Minuten war alles vorbei. Mein Hund lief wieder ganz normal seinen Weg, wie immer. Nachdem ich in deinen Büchern gelesen habe, dass Tiere Jenseitige sehen können und auch darauf reagieren, war mir klar, hier waren Jenseitige, die er nur sehen konnte und ich nicht. Ich sah mich noch einmal um, es war weder eine Krähe noch sonst etwas zu erspähen.

Meine Antwort:
Hallo, liebe Andrea, vielen Dank für deine lieben Mails. Es war komisch, ich ging zum Computer und dachte, ich muss unbedingt Andrea schreiben, was ich gestern Abend erlebt habe. Und die erste Mail, die ich sah, war ausgerechnet die von dir.

Gestern Abend lag ich im Bett und schloss all die Menschen in mein Gebet ein, die es am meisten benötigen. Unter anderem habe ich für Regina gebetet. Ich sagte: „Liebe Mutter Gottes, auf dich kann ich mich immer verlassen. Ich weiß, wie schwer krank Regina ist und dass die Hoffnung sehr gering ist, dass sie wieder gesund wird, aber bitte hilf ihr. Wenn ihr Regina unbedingt auf eure Ebene nehmen wollt, damit sie dort andere Aufgaben erfüllen kann, die auch uns auf der Erde helfen, dann bitte nehmt Regina bei euch auf, aber bitte lasst sie nicht leiden. Ich bin sicher, liebe Mutter Gottes, ich kann mich auf dich verlassen und ich weiß, dass es richtig sein wird." Dann sprach ich noch weiter mit ihr und fragte sie am Schluss meines Gebetes: „Liebe Mutter Maria, werde ich dich jemals auf einer Ebene sehen und kennen lernen? Ich habe bereits so viel mit dir gesprochen und habe voller Glauben an dich deine wunderbaren Medaillen verteilt." Und dann, liebe Andrea, ich schwöre es dir, stand eine wunderschöne Frau neben meinem Bett, ganz in Weiß gekleidet. Ich konnte ihr liebliches Gesicht erkennen, aber die Haare waren nicht sichtbar, diese umhüllte ein weißer Schleier. Sie war nicht sehr groß, aber wunderschön und sehr schlank. Ich war so glücklich, dass ich das erleben durfte. Ich hoffe, es ist ein gutes Zeichen, für alle von uns. Ich hoffe, Regina geht es einigermaßen gut.

Regina schlief ohne Todeskampf ein paar Tage später ganz sanft ein. Wir waren alle froh, dass sie nicht leiden musste.

Marianne P. schrieb:
Da fällt mir noch etwas ein, was ich mit meinen Engeln erlebt habe. Ich fahre einen schon etwas älteren Golf und seit einiger Zeit war die Temperaturanzeige bis in den roten Bereich gestiegen. Nun, nachdem ich mit meinem Geld wirtschaften muss, hat sich ein befreundeter Kfz-Mechaniker die Sache angeschaut. Er hat vermutet, es könnte am Thermostat liegen, das nicht richtig arbeitet. Er hat es ausgebaut, aber es war alles in Ordnung und er konnte den Fehler nicht finden. Denn manchmal ging die Temperatur eben in den roten Bereich und dann wieder nicht. Ich wohne in einem kleinen Dorf und ohne mein Auto geht da gar nichts. Also habe ich immer zu meinen Engeln gebetet, dass sie dafür Sorge tragen, dass mein Auto mich nicht im Stich lässt und falls doch, dass dann auf jeden Fall Hilfe für mich da ist.

Ich fuhr mit meinem Auto in die 35 Kilometer entfernte Stadt, um Einkäufe zu erledigen. Dabei benutze ich immer die vielbefahrene A 9. Als ich bereits auf dem Rückweg war, stieg wieder die Temperatur laut Anzeige, aber diesmal ging sie nicht mehr zurück und ich wusste im ersten Moment gar nicht, was ich machen sollte. Also bat ich meine Engel um Hilfe. Es dauerte auch nicht lange, bis die rote Kontrolllampe aufleuchtete und mir damit anzeigte, dass der Motor überhitzt ist und ich sofort anhalten müsste. So ließ ich mein Auto im Leerlauf auf der Standspur den Berg hinunter rollen, in der Hoffnung, die Ausweichstelle in etwa 100 Meter Entfernung noch zu erreichen. Als ich dann zu dieser Ausweichstelle kam, stand dort bereits ein Fahrzeug, das auch eine Panne hatte. Und was glaubst du, wer noch dort stand? Der ADAC, also die „gelben Engel", wie sie immer bezeichnet werden. Ich dachte, ich sehe nicht richtig und bedankte mich sofort bei meinen Engeln, die mir die richtige Hilfe im richtigen Moment geschickt haben. Mein Auto wurde von den „gelben Engeln" abgeschleppt und obwohl die ganze Situation gar nicht lustig war, musste ich doch lachen. Gibt es solche Zufälle? Ich kam dann mit dem Abschleppdienst nach Hause, wie sich später herausstellte, war die Wasserpumpe kaputt und ich war froh, dass weiter nichts passiert ist.

Aber ich glaube, ohne die Bitte an meine Engel wäre es wohl nicht so glimpflich ausgegangen.

Nun Marlene, ich und auch viele andere glauben mittlerweile daran, dass die Engel uns helfen, wenn sie darum gebeten werden. Es ist gut, wenn immer mehr Menschen davon erfahren, dass sie bei uns sind. Schreibe weiter, du hast den Auftrag dazu von den Engeln erhalten. Mit der Herzlichkeit, mit der du schreibst, wird dir das bestimmt nicht schwer fallen.

Gabi M. schrieb:
Hallo Marlene, dass auch dein letztes Buch wieder gigantisch gut zu lesen war, weißt du ja schon von Marianne. Ich konnte mich sehr gut in dich reinversetzen, da auch mein Vater jahrelang an Parkinson litt und meine Mutter und ich ihn pflegten. Einiges von dem, was dir passiert ist, habe ich ähnlich erlebt. Es gab also viele Parallelen zu dem, was du erzählt hast. Ebenso wie Marianne würde auch ich dich

sehr gerne einmal persönlich kennen lernen. Ich habe das Gefühl, dass es irgendwann so weit sein wird. Jetzt freue ich mich aber erst einmal auf dein neues Buch.

Es ist so schön, wie sich Menschen durch Berichte anderer Menschen über die vielen Zeichen unserer Engel mitfreuen können! Da ich diese Zeichen auch kenne und von Marianne weiß, dass sie dir da ein bisschen etwas von mir erzählt hat, möchte ich das Ganze noch ergänzen, bzw. etwas richtig stellen.

Ich bekam schon mehrfach auf mein Bitten hin Zeichen der Engel durch Tiere. Vor längerer Zeit stand ich vor einer Entscheidung, die nicht mehr aufzuschieben war. Mein Verstand sagte: „Es ist falsch", mein Gefühl sagte: „Es ist richtig." Ich betete sehr ernsthaft um ein Zeichen und dachte: „Bitte, wenn es richtig ist, schickt mir jetzt auf dem Heimweg einen Hasen." Ich wohne in der Stadt und habe nur wenige Meter an einer Wiese vorbeizufahren. Na, was denkst Du? Es kam ein Hase gehoppelt. Ich war baff!

Einige Zeit später hatte ich wieder ein Problem: Falsch oder richtig? Ich war gerade wie so oft beim Nordic Walken im Wald und bat: „Bitte, wenn es falsch ist, dann schickt mir ein Reh." Was stand an der Lichtung? Ein Reh! Ich wollte mein Bauchgefühl bestätigt haben und war mir eben nicht sicher – und die Engel schickten mir das Reh.

Monate später wieder die inständige Bitte an meine Engel. „Wenn JA, bitte auf der Heimfahrt (es war eine Autobahn) einen Hasen, wenn NEIN, bitte ein Reh." Kaum hatte ich diese Bitte geäußert hielt ich, da ich Beifahrerin war, Ausschau nach Hasen oder Rehen. Da ertönte eine Radiodurchsage: „Achtung auf der

Autobahn in Richtung Norden laufen mehrere Hasen auf der Fahrbahn!" Du kannst dir vorstellen, wie ich mich fühlte, ich habe mich aber trotzdem gleich bedankt, für das eindeutige „Ja".

Ein paar Monate später hatte ich wieder ein schönes Erlebnis. Ich wusste wieder mal bei einer Sache nicht so genau, was ich tun sollte, sollte ich oder sollte ich nicht? „Bitte", so sagte ich zu den Engeln auf meinem Weg zur Arbeit durch die Stadt, „zeigt mir einen Hasen in irgend einer Form, wenn ich am Ball bleiben soll." Ich war schon fast angekommen und dachte: „Na, wo soll ich da noch einen Hasen sehen – weit und breit ist nichts und niemand." Nur von weitem war ein einziges Kind am Straßenrand zu sehen. Als ich näher kam, erschrak ich, denn auf seinem Schulranzen war ein riesiger Hase abgedruckt. Kaum zu glauben, oder?

Nun wünsche ich deinen Lesern von ganzem Herzen auch so wunderschöne Erlebnisse mit den Engeln! Gabi M.

Simone F. schrieb:
Nun habe ich dein Buch gelesen, ich bin diejenige, die ihre Adresse bei Ebay nicht geändert hatte und deshalb dein Buch wieder zurückkam. Ehrlich gesagt, weiß ich gar nicht, wo ich anfangen soll, ich habe das Gefühl, dass ich dir ganz viel zu deinem Buch sagen möchte, doch das würde wahrscheinlich den Rahmen einer E-Mail sprengen. Was ich besonders schön fand (weil es anders war als in allen anderen Büchern, die ich gelesen habe) war, dass du so geschrieben hast wie du gedacht hast, das macht dein Buch wirklich zu etwas sehr Persönlichem. Viele deiner Gedanken und Gefühle kann ich sehr gut nachvollziehen. In meiner Mail an dich habe ich dir geschrieben, dass auch ich einen geliebten Menschen verloren habe. Auch bei mir

ist es mein Vater. Er war, bzw. er ist der Mensch, den ich über alles liebe, mein Vater, mein bester Freund, mit dem man lachen und Spaß haben konnte, er hatte stets ein offenes Ohr für meine Probleme, er war mein Mutmacher und noch vieles mehr. Morgen sind es erst fünf Wochen, dass er von uns gegangen ist. Sein Tod kam nicht ganz unerwartet, aber doch plötzlich. Ich durfte bei ihm sein und ihn begleiten, es war wohl bis jetzt der schlimmste Tag in meinem Leben und doch bin ich Gott dankbar, dass ich bei ihm sein durfte.

Bis vor fünf Wochen habe ich mich nicht mit dem Thema „Das Leben nach dem Tod" beschäftigt. Früher, habe ich, genau wie deine Tochter auch, Gläserrücken gemacht. Sogar über einen längeren Zeitraum, aber nach einem recht negativen Erlebnis haben wir wieder damit aufgehört. Ähnlich wie du habe ich angefangen, ein Buch nach dem anderen zu verschlingen und daran zu glauben, denn auch ich hatte einige Erlebnisse. Doch mir muss man immer alles beweisen und so suche ich ständig nach logischen Erklärungen für das Erlebte oder tue es zuerst einmal als Zufall ab. Meine Erlebnisse sind nicht so offensichtlich wie deine, also kein Licht, das flackert oder ähnliches! Das bedauere ich ein wenig. Ewig könnte ich jetzt noch weiter schreiben, aber ich bin mir nicht sicher, ob es dir recht ist. Wenn du möchtest, kann ich dir meine Erlebnisse gerne mitteilen. Ich wage kaum, es dir zu schreiben, aber ich bin jetzt mal ganz mutig. Da ich gerade dabei bin zu „lernen", dass es keine Zufälle gibt, sollte es wohl so sein, das du mein Buch an die alte Adresse geschickt hast, denn sonst hätte ich dir das Geld überwiesen und mich sicher nicht mehr bei dir gemeldet. Nur durch deine zwei sehr lieben Mails habe ich den Mut gefunden dir zu schreiben. Ich sag jetzt einfach mal vielen Dank.

Und bevor ich es vergesse: Meine Tante hat auch diese Lichtkugel gesehen, von der du am Anfang nicht genau wusstest, was es war. Bei meiner Tante ist es schon einige Jahre her, es war in der Nacht als ihre Mutter gestorben ist, die Lichtkugel war relativ groß und kam aus dem Zimmer in dem Pflegeheim, in dem ihre Mutter gestorben ist (das Pflegeheim ist genau gegenüber von der Wohnung meiner Tante). Die Kugel (sie war aus einem grünen Licht) bewegte sich von dem Zimmer bis ins Wohnzimmer meiner Tante und blieb dann oben rechts an der Zimmerdecke. Meine Tante wusste, dass es mit ihrer Mutter zu tun hatte, konnte es aber nicht so richtig deuten. Die Kugel blieb sehr lange und meiner Tante wurde es ein wenig mulmig. Sie fing an zu beten und dann verschwand die Kugel langsam.

Ich bedanke mich bei dir, dass ich dir meine Erlebnisse schreiben darf, denn es gibt nicht sehr viele Menschen in meinem Umkreis, mit denen ich darüber reden kann. Meine Erlebnisse begannen am 13.2., also an dem Tag, an dem mein Vater starb. Es war ungefähr neun Stunden nach dem Tod meines Vaters, als wir im Beerdigungsinstitut saßen. Man legte uns eine Mappe vor, aus der wir uns aussuchen sollten, was mein Vater im Sarg anhaben sollte. Der Herr zeigte uns zwei, wie er es ausdrückte, gängige „Leichenhemden" und sofort hatte ich eine Stimme in meinem Kopf, die ganz deutlich und bestimmt sagte: „Diesen Leichenfrack ziehe ich nicht an". Ich war total perplex und sagte plötzlich ganz laut und bestimmt, dass Papa das Leichenhemd nicht anzieht. Wir entschieden uns dann für die persönlichen Kleider meines Vaters. Dann ging es um den Sarg, zwei Särge kamen für uns in Frage, meiner Mutter gefiel ein dunkler, mir ein heller und während ich so überlegte, hörte ich wieder eine Stimme: „Ach irgend a Kiste halt". Wieder war ich sehr erstaunt darüber, im Nachhinein, passte das alles aber sehr gut zu meinem Vater, denn solche Dinge waren ihm nie wichtig. Wir entschieden uns dann für den dunklen Antik-Sarg. Zuletzt ging es um die Musik, um die zwei Orgelspiele, die wir aussuchen sollten und wieder kam sofort eine Stimme die schon fast belustigt sagte: „Spielt halt an Marsch". Ich habe daraufhin ein bisschen lachen müssen und meine Verwandten dachten wohl schon, ich drehe langsam durch. Ihnen habe ich nicht erzählt, was ich gehört habe. Erst später habe ich mir Gedanken darüber gemacht, mich gefragt ob ich mir diese Stimme eingebildet, bzw. mir das selber ausgedacht habe, oder mein Verstand mir einen Streich gespielt hat. Aber ich bin mir mittlerweile sicher, dass es mein Vater war, denn das Wort „Frack" benutze ich nicht und würde auch nie auf die Idee kommen, einen Marsch auf einer Beerdigung zu spielen. Ich bin 32 Jahre alt, habe mit Musik kaum etwas am Hut und schon gar nichts mit Märschen, aber meinem Vater saß öfter mal der Schalk im Nacken und da diese Stimme belustigt klang, bin ich mir sicher, es kam von ihm. Ich glaube, er wollte mir damit mitteilen, was ihm wichtig ist und was nicht. Letztendlich haben wir zwei Orgelstücke gewählt für einen Menschen, der sehr naturverbunden war und ich bin mir sicher, dass wir es richtig gemacht haben.

Für mein zweites Erlebnis habe ich Beweise gesucht und mich dabei beim Beerdigungsinstitut schon fast blamiert. Ich danke dir sehr für dein Verständnis und deinen Glauben an mich, denn jeder einzelne Satz ist die reine Wahrheit. Das einzige Problem bin wohl ich selber, weil ich, wenn so etwas geschieht, zwar daran glaube, aber später kommen dann doch Zweifel auf. Ich frage mich, ob ich langsam anfange, durchzudrehen und mir alles nur einbilde.

Die ersten Tage nach dem Tod meines Vaters blieb ich bei meiner Mutter. Am Abend, es war noch der 13.2., rief ich meinen Freund an und bat ihn, in das Kurzzeitpflegeheim zu fahren, um die persönlichen Sachen von meinem Vater abzuholen, denn ich wollte dort nicht mehr hin. Zu schmerzlich war die Nacht des Abschieds. Am darauf folgenden Abend brachte mein Freund die Tasche, doch erst am nächsten Morgen hatte ich die Kraft, sie auszupacken und es war sehr schlimm für mich. Ich weinte so sehr, das ich mich kaum beruhigen konnte, es tat so furchtbar weh. Wir hatten noch so viel gemeinsam vorgehabt. Unter seinen Sachen fand ich ein paar große, schwarze Lederschuhe, die meinem Vater nicht gehörten. Gegen Abend telefonierte ich wieder mit meinem Freund und sagte zu ihm: „Du hast ein Paar Lederschuhe eingepackt, die gehören nicht meinem Papi, aber dafür fehlt ein Paar Hausschuhe." Im gleichen Moment hörte ich wieder eine Stimme, die sagt: „Lass dem armen Kerl doch die Schuhe!" Ich war total irritiert, stockte kurz und verabschiedete mich recht schnell von meinem Freund, mit dem ich trotzdem noch ausgemacht habe, dass er das die Tage für mich erledigen soll. Noch eine ganze Weile habe ich über diesen Satz nachgedacht, verstanden habe ich ihn jedoch nicht und erzählt habe ich es auch keinem. Ich dachte nur, „langsam fang ich wohl das Spinnen an."

Es vergingen einige Tage, in denen ich noch zwei weitere Erlebnisse hatte. Am Montag war die Beerdigung und am Dienstagmorgen wollte mein Freund endlich die Schuhe zurück bringen. Wir hatten schon ein schlechtes Gewissen, weil wir ja nicht wussten, ob die Schuhe von jemandem vermisst wurden. Bis dahin hatte ich kaum mehr an den Satz „Lass dem armen Kerl doch die Schuhe" gedacht. Ich erinnerte aber meinen Freund noch, „vergiss die

Hausschuhe nicht." Den ganzen Tag grübelte ich nun schon über den Satz nach und war bereits sehr gespannt, ob es da doch noch irgendetwas gab, was sich aufklären würde. Und tatsächlich, als mein Freund nach Hause kam und ich ihn natürlich gleich nach den Hausschuhen fragte, sagte er: „Simone, es tut mir wirklich leid, aber wir haben alles abgesucht und die Hausschuhe nirgends gefunden. Sogar unter der Bettdecke und in einer Rumpelkammer haben wir nachgesehen, aber die Schuhe sind nicht da." In diesem Moment überkam mich eine richtige Freude, also war es doch mein Vater, das passte zu ihm, denn er gönnte anderen alles, er war ein sehr liebenswerter und großzügiger Mensch mit einem großen Herzen. Dann sollte eben ein armer Kerl seine Hausschuhe behalten, wer auch immer sie sich genommen hatte. Ich erzählte nun meinem Freund, was ich gehört hatte. Er fand es schon recht seltsam und so recht geheuer war ihm das wohl nicht. Ich freute mich auf jeden Fall, denn das würde ja bedeuten, dass es wohl doch noch irgendwie ein Leben nach dem Tod gibt.

Wie ich schon sagte, habe ich mich vorher nicht mit diesem Thema beschäftigt, doch seltsamerweise habe ich meinem Vater, als er im Sterben lag, gesagt, dass er, wenn er kann, mit mir Kontakt aufnehmen soll. Ich weiß bis heute nicht, wie ich darauf gekommen bin, ich nehme an, dass ich nicht akzeptieren wollte, dass mit seinem Tod alles zu Ende sein soll. Leider konnte mein Vater zu dem Zeitpunkt nicht mehr sprechen. Am nächsten Morgen überkamen mich wieder Zweifel, es muss doch eine logische Erklärung für das Verschwinden der Schuhe geben, das kann doch alles gar nicht sein. Lange habe ich nachgedacht, und dann fiel mir etwas ein: bestimmt hatte das Beerdigungsinstitut ihm die Hausschuhe angezogen. Logisch, die Schuhe standen nämlich am Morgen noch links neben seinem Bett, die mussten ihm die Schuhe angezogen haben. Aber das wollte ich jetzt unbedingt genau wissen. Also rief ich beim Beerdigungsinstitut an. Ich fürchtete zwar, die würden mich für komplett verrückt halten, aber das war mir in diesem Moment egal. Offen sagte ich dem Herrn am Telefon, dass ich eine vielleicht etwas seltsame Frage hätte: „Ziehen sie den Verstorbenen Schuhe an?" Freundlich und überhaupt nicht verwundert, meinte der: „Nein, in der Regel nicht". Ich erklärte ihm, dass mein Vater von seinem Unternehmen bestattet worden sei und er erinnerte sich nun auch gleich an mich. Dann sagte ich ihm, dass ein paar Schuhe fehlten und ich, auch wenn es blöd klingt, unbedingt wissen muss, ob er diese vielleicht an hat. Er versprach mir, gleich die Kollegen zu rufen, die meinen Papa abgeholt hatten und sie zu fragen, dass sei alles kein Problem. Doch er erreichte sie nicht und vertröstete mich auf den nächsten Tag. Ich saß gerade mit meiner Mutter zusammen, als mein Handy klingelte. Oh Gott, war ich aufgeregt! Es war der Herr vom Beerdigungsinstitut er sagte: „Nein, Ihr Vater hatte keine Schuhe an!" Er erklärte mir dann auch noch, dass das in der Regel immer so ist, weil Schuhe sich nicht zersetzen. Ich war so glücklich, das war für mich der Beweis! Daraufhin erzählte ich alles meiner Mutter, sie war total geschockt und verstört, denn an so etwas glaubt sie ja eigentlich gar nicht, doch auf einmal war auch sie sich nicht mehr so sicher.

Anschließend bin ich in die nächste Buchhandlung und habe mir mein erstes Buch über dieses Thema gekauft, es war am Freitag, dem 22. Februar. Mir ist es wichtig, dass ich einmal jemandem von meinen Erlebnisse berichten kann, ohne schräg angeschaut zu werden und vielleicht fällt dir ja auch zu dem einen oder anderen etwas ein oder auf.

Ich antwortete:
Ich freue mich sehr, dass ich über deine Erlebnisse mit deinem Vater berichten darf. Er weiß, dass du ihn wahrnehmen kannst, deshalb macht er sich auch bei dir bemerkbar. Denke nicht du bist krank oder übergeschnappt, denn mir passiert sogar noch viel mehr, als ich in meinen Büchern schreibe. Weil ich mir dann auch immer sage, die Menschen können das gar nicht alles glauben, wenn sie nicht bereits einiges selbst erlebt haben. Es ist so schön zu wissen, dass unsere Verstorbenen immer noch Anteil an unserem Leben nehmen und für uns da sind.

Simone schrieb:
Es tut gut, mal wieder von jemandem zu hören oder bestätigt zu bekommen, dass unsere Verstorbenen unter uns sind. Ich weiß es ja eigentlich auch, aber da ich schon seit einigen Wochen nichts mehr von meinem Papi erfahren, gespürt, oder gesehen habe, bin ich traurig darüber und habe auch ein wenig Angst, dass nichts mehr kommt. Aber am Sonntag, dem 17.2., saß ich auf dem Balkon meiner Eltern. Der Bruder meiner Mutter kam aus Bochum, wir sollten ihn mittags am Bahnhof abholen. Nun hatten wir noch unseren kleinen, abgeschmückten Weihnachtsbaum auf dem Balkon, was meiner Mutter ein wenig peinlich war und deshalb sollte ich ihn noch schnell klein schneiden, bevor mein Onkel kam. Ich saß auf dem Stuhl, auf dem mein Papa immer saß, und schnitt Zweig für Zweig ab. Dabei musste ich weinen, weil mir so viele Erinnerungen an das letzte gemeinsame Weihnachtsfest und noch einiges andere durch den Kopf ging. An einem dickeren Ast kam ich nicht weiter und ich dachte: „Ach Papi, gib mir doch die Kraft, damit ich den dicken Ast durchschneiden kann", aber es ging nicht. Und plötzlich habe ich ganz deutlich das Aftershave, das er seit Jahren benutzte, gerochen. Ich

dachte, ich spinne, und dann war es ganz plötzlich wieder weg und ich schnitt weiter. Ich meinte schon, ich hätte mich geirrt, bis es auf einmal wieder da war. Ich bin aufgesprungen und habe geschaut, ob irgendjemand auf dem Balkon neben uns ist, aber es war keiner da, ich war alleine. Und dann bin ich zu der Schatztruhe gerannt, in der sich seine persönlichen Sachen befinden und habe sein Aftershave herausgeholt und daran gerochen, weil ich wissen wollte, ob ich auch wirklich genau diesen Geruch in der Nase gehabt hatte. Es war eindeutig der Geruch, den ich wahrgenommen hatte. Den starken Ast konnte ich dann völlig problemlos durchschneiden. Im Nachhinein bin ich ein wenig traurig, weil ich damals ja noch nichts von all den Botschaften wusste, die Verstorbene uns geben können. Ich hätte es sonst sicher mehr genossen und ihm etwas Nettes gesagt, anstatt aufzuspringen und zu schauen, ob da noch jemand war. Aber natürlich freue ich mich und ich bin sehr glücklich, dass ich das erleben durfte und die Erinnerung an das Erlebte hilft mir. Diese Woche habe ich mir zwei Engel gekauft und einen bekommt mein Papi morgen auf sein Grab.

Es war Montag, der 18.2., dem Tag der Beerdigung meines Vaters. Um 9 Uhr hatte ich einen Termin beim Arzt, der auch der Hausarzt meines Vaters war. Ich brauchte ein Rezept für Beruhigungstabletten, denn ich war nicht sicher, ob meine Mutter und ich die Beerdigung überstehen würden, ohne zusammenzubrechen. Vielleicht sollte ich noch erwähnen, dass es die Gemeinschaftspraxis eines Ehepaares war. Vor zwei Jahren sollte ich dort ein Rezept für meinen Vater abholen, er sagte vorher zu mir: „Simone, du musst mal hören, wie die Frau Doktor ihre Patienten aufruft, das macht die ganz komisch." Als ich dort war, habe ich es dann auch gehört. Leider kann ich hier ja keine

Töne weitergeben, aber es hörte sich wirklich komisch und auch lustig an und die Patienten mussten grinsen. An diesem 18.2. musste ich zuerst im Wartezimmer Platz nehmen, ich saß zusammengekauert auf meinem Stuhl, die Ellenbogen auf meine Knie gestützt, den Kopf in die Hände gelegt und auf den Boden blickend, denn es ging mir wirklich sehr schlecht. Nun rief Frau Doktor einen Patienten auf, und sie machte es wieder so komisch. Sie wiederholte den Satz zwei-, dreimal hintereinander und sofort fiel mir wieder ein, was mein Vater mir vor zwei Jahren gesagt hatte. Und dann sah ich meinen Papa, rechts neben mir war die Garderobe, daneben stand er. Mein Papa hatte eine blaue Jeans an, ein blaues Hemd mit hellen Streifen und seine schwarze Lieblingsjacke, die Hände steckten in der Jackentasche und er lachte. Er lachte über Frau Doktors Durchsage, das wusste ich sofort. Es ist schwer, dir zu beschreiben wie ich das sah, dann war er wieder weg. Als ich dann beim Arzt im Behandlungszimmer saß, unterhielten wir uns noch und ich fragte auch, woran mein Vater nun eigentlich gestorben sei, denn so genau wussten wir das gar nicht. Als ich die Praxis verließ, wusste ich auf einmal (ich sah es wieder in Bildform), dass mein Vater während des Gesprächs beim Arzt rechts hinter mir gestanden war und zuhörte, was wir gesprochen hatten. Auch er wollte es wissen.

Ich meinte nun (da bin ich mir aber nicht ganz sicher, ob das nicht doch meine Gedanken waren), dass mein Vater mir mitteilte, ich solle die eine Station nicht mit der U-Bahn fahren sondern laufen, denn das Wetter sei doch so schön. Und dann sah ich ihn, die Hände auf dem Rücken langsam in Richtung Park laufen. Natürlich muss ich dir noch sagen, dass mein Vater die letzten zwei Jahre im Rollstuhl saß. Und zu diesem Zeitpunkt hatte ich ja noch keine Bücher gelesen und wusste nicht, dass es den Verstorbenen besser geht. Und vor allem sah mein Vater (er war 69, als er starb) jünger aus, als ich ihn an diesem Tag beim Arzt sah, etwa wie Mitte/Ende 50.

Ich weiß nicht ob es an der halben Tablette oder an dem Erlebnis lag, aber die Beerdigung empfand ich nicht mehr so schlimm und als wir dann am Grab standen, überkamen mich eine ganz tiefe Ruhe und sehr viel Frieden.

Letzte Woche, als ich von der Arbeit kam (es war schon dunkel), hüpfte links neben mir auf Augenhöhe eine kleine weiße Kugel. Sie war so klein wie ein Reiskorn, ich dachte meine Augen sind feucht und die Straßenlaterne tut ihr übriges, eine Art Spiegelung vielleicht. Aber am Samstagabend lag ich auf dem Sofa und musste bitterlich weinen, weil ich Papi so vermisste. Drei Meter gegenüber steht ein Strauch mit drei grünen Bällen darauf und auf einem sah ich einen kleinen weißen Punkt, der leuchtete, mit der Zeit aber etwas schwächer wurde. Erst ein bisschen später kam es mir wieder in den Sinn und ich dachte, das sieht ja aus, wie die kleine Kugel neulich auf der Straße. Ich habe mich dann wieder ein wenig beruhigt. Doch am nächsten Abend leuchtete da nichts mehr. Nun bin ich total verwirrt, weil ich glaube, ich bilde mir das alles nur ein. Hast Du schon mal so eine winzige, kleine, weiße Kugel in Reiskorngröße gesehen?

Nach dem Tod meines Vaters war ich krank geschrieben. An meinem ersten Arbeitstag fuhr ich dann mit dem Bus zur Arbeit und ich hatte das Gefühl, mein Papi wäre da (ich dachte noch, „ach Papi, fährt mit mir im Bus!"). Drei Haltestellen weiter fing der Stempelautomat im Bus an abzustempeln, obwohl gar kein Fahrgast mit einem Fahrschein da war. Die anderen Fahrgäste schauten bereits hin und lachten schon. Und ich dachte voller Freude, „na Papi, da sitzt dir heute wohl der Schalk im Nacken!" Am nächsten Tag passierte das Gleiche.

Es war Sonntag, der 24.2., zwei Wochen nach Papas Tod und ich las seit Freitag das Buch „Jenseitsbotschaften". Darin gab es unter anderem ein Kapitel „Zeichen", in dem es darum ging, dass Verstorbene oft Schmetterlinge (wie bei dir im Pool) oder Regenbögen schicken. Ich war draußen im Garten, weil wir den Wein schneiden mussten. Mein Freund telefonierte noch mit seiner Tochter und ich schaute mir das Ganze an, wie wir es schneiden mussten. Ich stand davor und es waren Fliegen in den Reben. Ich war eh schon so traurig und dachte mir, „toll, Fliegen, andere bekommen Schmetterlinge und ich sehe nur Fliegen." Weil mein Freund immer noch telefonierte, habe ich mich auf die Terrasse auf den Boden gesetzt und vor mir in die Hecke geschaut. Ich sah dort einen Krokus und einen Stoppelpilz und musste bitterlich weinen, weil mein Papi mir so fehlte und ich daran dachte, wie gerne er Pilze sammeln ging. Neben mir war eine Säule, an der ein großer Ginster blühte. Ich nahm Bewegungen war und sah hin, wieder Fliegen und ich weinte deshalb noch mehr und dachte mir, „ach Papi so viele sehen Schmetterlinge und ich, was sehe ich? Fliegen! Kannst du mir denn nicht auch einen Schmetterling schicken?" In diesem Moment, kaum hatte ich meinen Gedanken zu Ende gedacht, flog ein Schmetterling in den Ginster. Ich zuckte zusammen, „oh mein Gott, das gibt es doch gar nicht, das kann doch nicht wahr sein. Auch für mich gibt es einen Schmetterling." Ich sprang auf und musste um die Säule herumgehen, denn eine Regentonne stand mir im Weg: Der Schmetterling war noch da, ich ging hin und die Tränen liefen mir nun vor

Glück über die Wangen. Ich weiß gar nicht mehr, was ich dem Schmetterling alles sagte, aber ich habe ihn mit meinem Zeigefinger mindestens viermal über den Flügel gestreichelt und er ist nicht weggeflogen. Als er dann doch wegflog kam er noch einmal an die gleiche Stelle zurück. „Danke Papi", dachte ich und dann flog er weg. Ich habe mich noch umgedreht, um ihm hinterher zu schauen, aber er war nicht mehr zu sehen. Das war das Schönste, was ich jemals erlebt habe. Und es kann kein Zufall gewesen sein.

Weißt du, es ist gar nicht so einfach, an all die schönen Erlebnisse zu glauben, man schaltet schnell den Verstand ein und fängt das Zweifeln an. Dann tut es mir wieder leid, dass ich diese Zweifel habe, denn im Grunde glaube ich daran. Du schreibst, dass du auch eine wahre Meisterin im Verdrängen warst, hast du einen Tipp für mich, wie ich damit besser umgehen kann oder wie ich meinen Glauben an die Zeichen verstärken kann? Du schreibst auch von einem Medium, vor einigen Wochen habe ich mich angemeldet für einen medialen Abend. Bis zu diesem Termin ist es aber noch eine ganze Weile hin. Ich bin sehr gespannt, danach werde ich entscheiden ob ich auch eine persönliche Jenseitssitzung mache. Meine Mutter glaubt – oder glaubte bis vor einigen Wochen – nicht an ein Leben nach dem Tod oder eine Jenseitige Welt. Obwohl ich ihr ein paar von meinen Erlebnissen erzählt habe, z. B. denen mit den Schuhen und dem Schmetterling. Oft hat sie gesagt, dass sie Angst hat, dass ich nun zu spinnen anfange.

Als mein Papa im Krankenhaus lag, hat er aus dem Fenster beobachtet, wie ein Eichhörnchen einen auf der Bank liegenden kleinen Apfel einen Baum hoch geschleppt hat. Das hat er uns erzählt, was wir sehr lustig fanden, wir haben öfter mal über Eichhörnchen auf dem Klinik-Gelände geredet. An dem Sonntag als ich das wunderschöne Erlebnis mit dem Schmetterling hatte, war meine Mutter auf dem Friedhof. Dort war ein Eichhörnchen, das um Nüsse gebettelt hat, meiner Mutter tat es leid, denn sie hatte keine dabei, beim nächsten Mal wollte sie daran denken, erzählte sie mir am Telefon. Am nächsten Morgen schaute meine Mutter zu Hause aus dem Fenster. Plötzlich lief ein Eichhörnchen über das Dach der Tankstelle, blieb vor dem Balkon stehen, schaute einen Moment und lief dann weiter über die anderen Dächer davon. Meine Mutter, die ja eigentlich nicht daran glaubt, wusste sofort, dass Papi das Eichhörnchen geschickt hatte. Meine Eltern wohnen seit über 40 Jahren dort, in den ganzen 40 Jahren haben sie noch niemals ein Eichhörnchen gesehen. Seitdem ist es auch für meine Mami nicht mehr ganz so ausgeschlossen, dass da noch mehr ist, als nur der Tod, Simone

Ich antwortete ihr:
Die Erlebnisse mit deinem Papa sind wunderschön und du kannst mir glauben, es ist keine Einbildung. Auch ich habe jahrelang gedacht, ich bilde mir das alles nur ein, bis sich mir die Verstorbenen auch zeigten und ich Engel sehen durfte. Seitdem kann und darf ich nicht mehr zweifeln, im Gegenteil, ich muss meine Erlebnisse an die Menschen auf dieser Welt weitergeben. Die Engel und die Jenseitigen unterstützen mich dabei. Habe ich ein Thema noch nicht beschrieben, dann passieren mir genau die Dinge, die wichtig sind und über die ich schreiben soll. Du kannst ganz sicher sein, die Verstorbenen wollen sofort, wenn sie uns verlassen mussten, dass wir hier auf der Erde wissen, dass es ihnen auf der anderen Seite gut geht. Ist ja auch ganz verständlich.
Ich freue mich auf dein nächstes Erlebnis, was sicherlich nicht dein Letztes sein wird!

Simone schrieb daraufhin:

Es war der Gründonnerstag, ein etwas chaotischer Arbeitstag, es war viel los und es ist spät geworden bei der Arbeit. Spontan fragte mich meine Kollegin, ob ich nicht noch Lust auf einen Cocktail habe. Ich dachte mir, warum eigentlich nicht? Lange Zeit hatte ich für so etwas keine Zeit mehr. Ich wollte spontan sein. Vorab muss ich sagen, dass ich mit dieser Kollegin schon länger arbeite, wir aber nie viel über private Dinge gesprochen haben. Lediglich wusste ich von ihr, wo sie herkommt, ein bisschen etwas von ihrem Ex-Freund, dass sie gerne klettert und ab und zu malt, wo sie wohnt und nicht mehr. Wir gingen also in ein gutes Lokal einen Cocktail trinken und kamen so ins Gespräch. Auch mein Vater wurde auf einmal zum Gespräch. Der erste Cocktail war geleert und meine erste S-Bahn weg. Also tranken wir noch ein Glas Wein. Sie erzählte mir von ihrer Mutter, die sehr jung an Krebs verstorben war. Sie berichtete mir auch von dem Abend ihres Todes, der sehr dramatisch verlaufen ist. Sie konnte sich nicht von ihrer Mama verabschieden. Und dann haben wir über unsere Kindheit und über das Verhältnis zu unseren Eltern in dieser Zeit gesprochen. Das Gespräch war so interessant, ich hatte nun bereits die zweite S-Bahn verpasst. Wir bestellten unser zweites Glas Wein. Sie erzählte mir gerade von einer Szene aus ihrer Kindheit, in der sie Streit mit ihrer Mutter hatte, weil sie versehentlich etwas kaputt gemacht hatte. Das empfand sie damals sehr schlimm und sie war sehr traurig, als sie mir davon berichtete. Ich trinke sonst nie so viel Alkohol und war sicher nicht mehr ganz nüchtern, doch plötzlich hatte ich das Gefühl, dass ihre Mutter links neben ihr stand, sehen konnte ich sie aber nicht. Ich fragte sie, ob ihre Mutter groß war, denn das hatte ich so im Kopf. Sie meinte, nicht klein, aber auch nicht so groß. Sie wollte wissen, wieso ich sie das fragte. Mir war es ein wenig unangenehm, aber ich hatte auf einmal Haare vor Augen, nur Haare ohne Gesicht, auf schwarzem Hintergrund. Ich fragte sie, ob ihre Mutter braune Haare und Locken hatte. Meine Kollegin (sie hat schwarze, glatte Haare) wurde ganz weiß im Gesicht und stammelte nur, „das kannst du nicht wissen. Du kennst meine echte Haarfarbe nicht und meine Mutter ist die einzige in der Familie, die Locken hatte, das kannst du nicht wissen." Ich sagte ihr, dass ihre Mutter da ist und ihr sagen will, dass ihr die Szene von damals leid tut und dass sie ihre Tochter sehr lieb hat und stolz auf sie ist. Meine Kollegin war fix und fertig, fragte mich, was ihre Mutter gerade an hat. Für den Bruchteil einer Sekunde war ich mit dieser Frage total überfordert und dachte mir, „das weiß ich doch nicht." Plötzlich hatte ich ein T-Shirt mit kurzen Armen und einem Blumenmuster vor Augen und das erzählte ich ihr auch. Daraufhin fing sie mitten in der Cocktail-Bar zu weinen an und schluchzte immer wieder, „das kannst du nicht wissen." Sie erzählte mir dann, sie habe nur ein einziges Foto von ihrer Mama, wie sie mit ihren braunen lockigen Haaren und einem T-Shirt mit einem Blumenmuster im Garten steht.

Marlene, ich wusste gar nicht, wie mir geschieht, was das sollte, ich weiß es bis heute nicht. Ich hatte doch etwas getrunken, habe ich mir das zusammen gereimt? Und zufällig ins Schwarze getroffen? Hat der Alkohol mir einen Streich gespielt? Aber so etwas mache ich doch nicht. Es ist schwer für mich das zu verstehen, so etwas Seltsames und ein Gesicht dazu habe ich gar nicht gesehen. Gibt es denn so etwas? Ich dachte immer, wenn man Tabletten zur Beruhigung genommen hat oder etwas getrunken hat, ist man für so etwas nicht empfänglich. Kannst du damit was anfangen?

Außerdem meinte ich, meinen Papi am Sonntagabend lachen gehört zu haben. Mein Freund und ich standen im Garten und haben uns sehr amüsiert, weil – und nun halt dich fest – mein Freund am Sonntag Geburtstag hatte und jedem erzählt hat, dass er nun 43 Jahre alt wird. Bis wir durch die Geburtstagskarte seiner Tochter feststellen mussten, dass er erst 42 geworden ist. Wir haben so gelacht und uns gefragt, wann wir den Irrtum bemerkt hätten, wenn in der Karte die Geburtstagszahl nicht gestanden wäre. Nächstes Jahr? Oder überhaupt nicht mehr? Wie konnte so etwas nur passieren? Und während wir lachten, hatte ich das Gefühl, Papi lacht so richtig mit.

Es war am Sonntag, dem 6. April. Wir waren mit dem Vater meines Freundes in einer kleinen Ortschaft beim Essen. Anschließend sind Gerhard und ich weiter zu seiner 80-jährigen Oma gefahren. Ich saß auf dem Beifahrersitz und sah links im Rückspiegel einen viereckigen Regenbogen. Erst dachte ich, es sei von einem anderen Auto das Rücklicht, weil es die Form eines Rücklichts hatte, nur ein wenig kleiner. Ich konnte mir jedenfalls nicht erklären was es war. Seine Oma ist geistig noch fit und sehr belesen. Ich saß mit ihr auf dem Sofa, wo am anderen Ende des Zimmers ein langes Bücherregal steht. Wir unterhielten uns über alles Mögliche, überwiegend aber ging es um aktuelle Themen. Irgendwann entdeckte ich im Regal, genau mir gegenüber, den gleichen Regenbogen mit dieser viereckigen Form auf einem Buch. Ich musste schmunzeln und dachte, kann das ein Zufall sein? Als wir dann gehen wollten, schaute ich noch im Regal nach, was für ein Buch mich so in den Bann zog. Doch ich wurde von einem anderen Buch abgelenkt, das direkt daneben stand. Ich entdeckte mehrere Bücher von Elisabeth Kübler-Ross und Moody und war total überrascht. Sofort habe ich die Oma meines Freundes gefragt, was sie denn da liest. Sie sagte, diese Bücher hätte sie schon vor einigen Jahren gelesen, denn sie glaube an ein Leben nach dem Tod. Dann berichtete sie uns von drei Erlebnissen, die sie nur einmal jemandem erzählt hatte, der es aber nicht glauben konnte, und sie als verrückt hinstellte. Das sei auch der Grund, weshalb sie seither schwieg. Es sei nun das erste Mal seit vielen Jahren, dass sie sich jemandem offenbare. Das hat mich sehr gefreut und ich versprach ihr, ein weiteres Buch zu schicken, das sie sicher interessieren würde. Als wir wieder im Auto saßen und zurück fuhren, hat es nicht lange gedauert und ich sah genau den gleichen Regenbogen wieder, nur war er dieses Mal rund, wie eine Sonne in Regenbogenfarben. Das fand ich sehr schön und ich musste lächeln. Aber was das genau bedeuten sollte, das weiß ich nicht. Dein blaues Buch habe ich nun auch gelesen. Es hat mir gut getan und noch mehr gegeben als das erste.

Aber ich möchte dir kurz gefasst noch von zwei Erlebnissen berichten, die mit dem Kater meiner Eltern zu tun haben. Der Kater war der Liebling meines Vaters, Felix ist (und ich übertreibe wirklich nicht) meinem Papi auf Schritt und Tritt gefolgt, er konnte nicht einmal alleine zur Toilette. Vor einer Woche überlegte ich, ob ich die Kleidungsstücke meines Vaters auf dem Flohmarkt verkaufen kann, ohne dabei ein schlechtes Gewissen zu haben. Ein Teil war für seinen Bruder bestimmt, aber die Kleidung aus der letzten Zeit passte seinem Bruder nicht. Ich konnte mich nicht entscheiden und wusste wirklich nicht weiter, deshalb bat ich meinen Papi, mir doch im Traum ein Zeichen zu geben. „Vielleicht lässt du mich irgendwie wissen, ob meine Überlegung gut ist oder nicht", habe ich zu ihm gesagt. Am nächsten Morgen wachte ich auf, konnte mich auch daran erinnern, was ich geträumt habe, aber eine Lösung war nicht dabei. Bei der Arbeit hatte ich ein Tief, vermisste ihn sehr und war ganz traurig. In meiner Pause rief ich meine Mami an und sie war sehr erbost über den Kater, sie hatte sehr über ihn geschimpft. Sie hatte Bügelwäsche aufs Bügelbrett gelegt, darunter auch ein Lieblingshemd von Papi, dann ging sie aber vorher doch noch schnell einkaufen. Als sie wieder zurück kam, hatte Felix von all den Kleidungsstücken genau dieses Hemd herausgezogen, auf den Boden geschmissen und doch tatsächlich einen Haufen darauf gemacht. Ich fing herzhaft an zu lachen, denn so etwas hatte er noch nie gemacht. In all den Jahren ging unser Felix nur auf sein Katzenklo. Meine Mutter hat leider nicht verstanden, warum ich das so lustig fand, aber für mich war es die Antwort. Papi meinte (entschuldige bitte): Ich kann das verkaufen, denn da ist drauf geschissen! Und gestern habe ich seine Bücher aussortiert. Papi und ich sind große Leser, alle Bücher sollte ich bekommen, wahnsinnig viele hab ich mir auch auf meinen Stapel gelegt. Doch einige waren auch für meine Tante, denn 15 Pilzbücher brauche ich nun wirklich nicht. Also gab es mehrere Stapel, darunter auch einen mit Fachbüchern über seinen Beruf (den er sehr geliebt hat). Ich dachte, Papi da sind auch sehr alte dabei, die kann man kaum weitergeben und die werfe ich weg. Da kam Kater Felix an, setze sich neben den Stapel mit den Fachbüchern und wurde sehr böse. Er hat geknurrt, mich angeschaut, als würde er mir gleich ins Gesicht springen und mir die Augen auskratzen, ich habe, ehrlich gesagt, richtig Angst bekommen. Nun bleiben die Bücher da, anders kann ich das nicht verstehen. Den Stapel für meine Tante habe ich ins Wohnzimmer getragen, sie kam am Nachmittag und hat sich einige davon ausgesucht und auf einem Tisch abgestellt. Da kam der Herr Kater an und hat die Bücher abgeschmust mit seinem Köpfchen. Ich habe das so verstanden, dass es wohl in Ordnung geht, dass meine Tante die Bücher mitnimmt. Aber erstaunlich fand ich das Ganze schon. Vor allem, dass Felix so böse wurde, als ich Papas Lieblingsbücher wegschmeißen wollte.

Gerade bin ich auf die Idee gekommen dir ein Foto von dem kleinen frechen Kerl rauszusuchen, da habe ich das Bild hier gefunden und bin echt total verblüfft. Siehst du die zwei blauen Bälle? Oder was das sein soll? Die waren vorher nicht auf dem Bild, alle Fotos, die nichts geworden sind, lösche ich immer gleich am PC, und das Bild ist älter. Vor etwa einem halben Jahr haben wir den Computer neu eingerichtet und ich habe alle Bilder sortiert und angeschaut. Marlene, glaube mir, die Bälle oder Kugeln waren wirklich niemals zuvor auf dem Bild, nur die Katze war zu sehen. Ich bin mir hundertprozentig sicher, denn ich arbeite viel mit Fotos und mache auch Diashows. Jetzt bin ich total verblüfft, ja das finde ich sehr seltsam. Ich habe das Bild gerade mal vergrößert, das rechte blaue Ding schaut aus, als hätte es Nebel unten. Aber wir haben noch nie ein blaues Katzenspielzeug gehabt. Hätte ich dir nicht eine Email schicken wollen und ein Foto dazu, wann hätte ich das wohl bemerkt? Es gibt doch keine Zufälle. Weißt du, was das ist, hast du so etwas schon mal gesehen? Das wirft ja auch noch Schatten, das verstehe ich nicht.

Ich antworte:
Ich war ganz begeistert von deinen Erlebnissen. Du kannst davon ausgehen, dass alle deine Gedanken richtig sind. Die Tiere sind ganz intensiv mit den Menschen verbunden, die sie lieben, auch wenn diese auf der anderen Seite sind. Besonders Katzen können die Gefühle der Seele gut zum Ausdruck bringen. Sie

sind hellsichtig. Menschen, die extrem hellsichtig sind, haben immer eine Katze im Haus. Wenn du willst, dann werde ich das Bild von deinem Vater im neuen Buch veröffentlichen, denn ich habe so viele schöne Erlebnisse mit deinem Vater erfahren dürfen. Das mit der Katze und den Kugeln ist ja interessant. Mir ist dasselbe auch einmal passiert. Es war am Geburtstag meiner Mutter. Sie wurde 80. Mein Onkel machte von uns allen Fotos und am Schluss zeigte er uns diese stolz am Fernsehgerät. Als er dann ein Bild von mir einblendete, stand hinter mir eine riesige gelb-goldene Nebelwand. Meine Tante rief: „Aber Günther, was hast du denn da gemacht?" Günther hatte wirklich nichts gemacht, er fühlte sich aber schuldig. Doch es waren ganz einfach verstorbene Seelen, die ebenfalls den 80. Geburtstag meiner Mama mitgefeiert haben. Ich konnte sie nämlich spüren. Nur, wem hätte ich davon erzählen sollen? Sie hätten sicher gesagt: „Die arme Marlene, die ist krank!"

Du möchtest ja immer, dass ich dir von meinen Erlebnissen mit den Jenseitswelten berichte. Über die wenigsten schreibe ich in meinen Büchern. Vor ein paar Tagen saß ich vor dem Fernseher, total entspannt, und ganz plötzlich stand neben dem Fernsehgerät ein kleiner Junge mit einer ganz hässlichen, schwarzen Hornbrille. Ich dachte noch: „Ist der Kleine niedlich, aber die Brille ist ja furchtbar, sie verunstaltet ihn total." Dann, ein paar Sekunden später, war er wieder verschwunden. Ich begriff, dass er verstorben war und seine Mama suchte. Er wusste noch nicht genau, was los ist. Dann wurde ich ganz traurig. Ich dachte, er weiß sicher noch nicht, dass er verstorben ist und weiß nicht, was er jetzt tun soll. Warum habe ich nicht mit ihm gesprochen und mich nur auf seine Brille konzentriert? Vielleicht konnte er sehen, dass ich ihn bemerken würde. Ganz plötzlich, ein paar Minuten später kam eine junge, sehr hübsche Frau mit langen, blonden Locken in mein Wohnzimmer. Ihre Frisur sah aus, wie früher die Schillerlocken, die man mit einem Eisen brannte. Sie sah wunderschön aus, tanzte ganz glücklich in meinem Wohnzimmer herum und verschwand dann wieder. Ich habe mich darüber gefreut, mich aber auch gewundert, warum solche Dinge eigentlich immer gerade mir passieren müssen.

Simone schrieb:
Ich habe mich sehr über deine E-Mail gefreut. Dein Erlebnis ist ja echt fantastisch. Ich frage mich nur, ob die beiden aus dieser Zeit stammen oder aus einer früheren Epoche. Und wenn aus einer früheren, wie kommen sie in dein Wohnzimmer, oder warum waren sie da? Das alles (die Jenseitswelt) fasziniert mich wirklich sehr, so gerne hätte ich noch mehr Antworten auf all die Fragen, die sich mir immer wieder stellen. Das mit dem Foto von Felix ist mir immer noch ein Rätsel. Hätte ich dir nicht die Erlebnisse geschrieben, wer weiß wann ich die Veränderungen auf dem Bild gesehen hätte. Aber am Pfingstmontag hatte ich ein wundervolles Erlebnis.

Spontan beschloss mein Freund am Sonntagabend, dass wir auf die Zugspitze fahren. Morgens um 6 Uhr sind wir los, seine Tochter war auch dabei. Um 9 Uhr waren wir bereits oben auf dem Berg. Es hatte Minusgrade, aber die Sonne schien und wir hatten 120 Kilometer freie Sicht, keine einzige Wolke war am Himmel. Meine Eltern hatten sich einmal in Mittenwald kennen- und liebengelernt, was ja ganz in der Nähe ist. Gemeinsam waren sie damals auch auf der Zugspitze. Meine Eltern liebten die Berge schon immer (Papi war Gebirgsjäger), früher waren sie sehr oft beim Bergsteigen. Als ich am Montag da oben war und von diesem Wahnsinns-Ausblick total hin und weg war, dachte ich auch Papi, eigentlich müsste er doch jetzt bei mir sein. Aber ich spürte ihn nicht, hatte nicht das Gefühl, dass er da wäre. Ich dachte irgendwie an deine Rehe. Deshalb sagte ich: „Papi, schick mir auf 2960 Meter Höhe und den Minusgraden doch einen Schmetterling." Einige Zeit später, wir saßen auf einer Bank in der Sonne, meinte ich einen Schmetterling gesehen zu haben, der direkt über mir flog. Ich bin regelrecht aufgeschreckt und fragte gleich die beiden anderen: „War das nicht gerade ein Schmetterling?" Beide haben gelacht und mich gefragt, ob ich auch schon fliegende Schweinderl gesehen hätte. Ich dachte, sie haben ja Recht, was rede ich da für einen Blödsinn, wie soll auf dieser Höhe ohne Baum, Gras, nur mit Schnee denn ein Schmetterling herumfliegen? Wäre auch zu schön, denn das wäre doch ein Beweis für mich gewesen, dass Papi mich verstanden hat und mir meinen Wunsch erfüllt. Und ganz plötzlich kam der von mir zuerst wahrgenommene Schmetterling wieder angeflogen. Meinen beiden anderen, die von fliegenden Schweinen sprachen, ist erst einmal der Kinnladen heruntergeklappt. Mir ist mein Herz aufgegangen und ich bin gleich in ein stilles Eck und habe mich von ganzem Herzen bedankt. Marlene, ist das nicht wundervoll? Später in Garmisch, als wir beim Essen waren, sagte Vanessa, also wie der Schmetterling da hoch kam, kann ich nicht verstehen. Und dann habe ich ihnen erklärt, dass ihn mein Vater mir geschickt hat, weil ich ihn um ein Zeichen gebeten habe. Das hat mich sehr glücklich gemacht und mir verdeutlicht, dass ich aufhören soll immerzu zu zweifeln. Das war übrigens der schönste Tag den ich erleben durfte, seit mein über alles geliebter Papi gestorben ist.

Heute ist dein Buch angekommen, vielen lieben Dank, ich habe mich sehr gefreut, auch über die drei Anhänger. Von deinem ersten Buch habe ich einen Anhänger meiner Mutter gegeben, er steckt in Ihrem Geldbeutel zwischen dem Foto von ihr und meinem Vater. Seitdem habe ich das Gefühl, dass es ihr wirklich besser geht.

Die Katze „Felix" von Simones verstorbenem Vater mit den außergewöhnlichen Kugeln auf dem Foto.

Ich antwortete:
Das Erlebnis mit dem Schmetterling ist wunderbar. Du wirst sehen, es wird mit der Zeit immer mehr passieren und für dich immer besser zu verstehen sein. Willst du, dass ich ein Foto von deinem Vater im neuen Buch veröffentliche? Es wäre mein Dankeschön an dich und deinen Papa.

Simones Antwort:

Zu deinem Buch und dem Dankeschön an meinen Papi und mich: Marlene, wenn hier einer DANKE sagen muss, dann bin ich das. Du hast mir so viel geholfen in der schwersten Zeit meines Lebens. Mit deinen Worten und deinem Wissen, du hast mir sehr geholfen mir klar zu machen, dass ich nicht immer Zweifeln soll, du hast mir Mut und Kraft gegeben, an all diese Dinge zu glauben, die ich erlebe. Du hast mir geholfen, meinen Geist offen zu lassen für all das Wunderbare, ihn nicht wieder zu verschließen. Seit dem Erlebnis auf der Zugspitze weiß ich auch genau, dass ich nicht mehr zweifeln und verzweifeln muss, denn das habe ich bereits schon viel zu lange getan. Ich habe immer wieder alles hinterfragt und geleugnet, egal, was mir passiert ist. Mein Vater war ein Mensch, der nie viel Aufsehen um seine Person mochte, aus diesem Grund weiß ich im Moment einfach nicht, ob es ihm recht wäre, wenn sein Bild in deinem Buch veröffentlicht würde. Bitte verstehe mich nicht falsch, es ist eine große Ehre für mich, dass du mir dies überhaupt anbietest. Nur bin ich gerade ein wenig überfordert, ich selbst fände es sehr schön, bin aber nicht sicher, ob Papi es möchte. Kannst du mir mit der Entscheidung ein wenig Zeit lassen? Ich bitte Papi, mir ein Zeichen zu geben. Und noch einmal: ich bin diejenige, die Danke sagt! Und ich bin unendlich froh, dich kennen gelernt zu haben.

Gestern Abend lag ich im Bett, habe gebetet und von meinen Papi ein Zeichen erbeten bezüglich des Bildes in deinem Buch. Mehrmals hörte ich eine Stimme, die sagte, du weißt es doch eigentlich schon, du kennst die Antwort bereits. Da ich mir nicht sicher war, ob ich mir die Antwort selber im Kopf zusammen spinne, habe ich heute auf dem Weg zur Arbeit noch einmal darüber nachgedacht. Mein Vater war mein ein und *alles, immer darauf bedacht, dass es mir gut geht, alles hat er für mich getan. Damit meine ich nichts Materielles, er war einfach immer für mich da, hat mich aufgemuntert, mich getröstet, mir Mut gegeben, mir Spaß und Freude gegönnt und vieles mehr. Er hat mich gefördert in allen Lebenslagen. Ach, Stunden könnte ich so weiter schreiben. Aber das Allerbeste, das Unbeschreibliche ist: er ist gestorben und gibt mir all das immer noch und deshalb **war** er nicht nur mein ein und alles, sondern er **ist** es immer noch! Meine Liebe zu ihm kann ich kaum beschreiben. Und aus diesem Grunde ist es eine Ehre, wenn sein Bild in deinem Buch erscheint. Jeder, der dein Buch liest, soll ruhig erfahren, wie tief und ewig Vaterliebe sein kann, und jeder darf sehen, wie der Mensch ausgesehen hat, der so viel Liebe gibt, obwohl er nicht mehr hier auf Erden ist. Dass ich dich kennen gelernt habe ist auch kein Zufall, mein Papi hat da mitgeholfen, in dem Moment, als ich das Buch bei dir bestellte und meine Adresse falsch war. Er wusste, du bist der Mensch, der mir weiterhelfen wird, ich habe dir sehr viel zu verdanken! Simone*

Papa von Simone.

Liebe Simone,
ich bin sehr froh, dass du dich so entschieden hast. Ich werde deine Mail veröffentlichen, denn sie sagt ungeheuer viel Positives aus. Sie gibt den Menschen Hoffnung, die einmal so hoffnungslos waren wie du es auch warst. Ich kann nur immer wieder betonen: „Eure lieben Verstorbenen lassen euch nicht in diesem Schlamassel zurück, sie sind immer noch bei euch und halten schützend die Hand über euer Leben." Genau wie auch dein Papa es immer noch tut. Ich schrieb einmal in einem meiner Bücher: „Mein Papa ist mir im Tod näher als im Leben" und das stimmt auch so. Ich kann ihn spüren und fühlen und bin immer glücklich zu wissen, dass er noch bei mir ist. Genau, wie dein Vater auch bei dir ist. Ich danke dir und deinem Vater für die wunderbaren Erlebnisse und ich bin sicher, deine Entscheidung war genau richtig. Es ist richtig, wenn du sagst, dass es keine Zufälle im Leben gibt. Die

Verstorbenen und auch die Engel bringen uns immer wieder mit den Menschen zusammen, die für unser Leben und unsere Weiterentwicklung wichtig sind. Auch mir werden immer wieder diese Menschen geschickt, auch du gehörst dazu, denn jeder kann von jedem lernen. Ich kann mich erinnern, wie du auf ein Zeichen von deinem Vater gewartet hast, den du so sehr liebtest und liebst. Er hat dir in so kurzer Zeit so viele Zeichen geschickt, dass man das einfach nicht ignorieren darf. Deine Erlebnisse waren aber nicht nur für dich hilfreich, sondern für all die Menschen, die dieses Buch lesen werden. Auch ich bedanke mich bei dir und bei deinem Vater. Er hat uns wunderbar beim Schreiben dieses Buches unterstützt!

Kürzlich erhielt ich eine Mail von einer jungen Frau, die sich bei mir beklagte, dass ihr verstorbener Mann ihr mitgeteilt hat, dass er sich nun nicht mehr bei ihr melden würde. Es war für sie ein Schock. Sie wollte von mir wissen, warum dies so ist.

Wenn Verstorbene sich bei ihren lieben Zurückgebliebenen auf dieser Erde bemerkbar machen, wollen sie uns lediglich sagen, dass es sie noch gibt und dass es ihnen gut geht. Wenn sie sich uns mitteilen wollen, ist es für sie mit ganz großen Anstrengungen verbunden und sie benötigen auf der anderen Seite ganz viele Helfer. Diese Helfer stehen so lange zur Verfügung, wie es für die Hinterbliebenen erforderlich ist, an das Weiterleben des Verstorbenen zu glauben und bis sie Trost erfahren haben. Ist dies erfüllt, kommt es oftmals zu keinen weiteren Verbindungen der Materialisierung mehr.

Sie können aber noch immer mit einem Medium mit ihrem lieben Verstorbenen in Kontakt treten. Diese Art der Kommunikation ist leichter für die Seelen. Bei einem Medium handelt es sich um eine Person, deren Schwingungen höher sind als bei anderen Menschen, deshalb können sie mit den Seelen auf der anderen Seite kommunizieren. Wie Sie sicher aus meinen anderen Büchern in Erinnerung haben, ist aus den Berichten der klinisch Toten und Verstorbenen hervorgegangen, dass sie Schwierigkeiten hatten, sich bei den noch Lebenden bemerkbar zu machen, obwohl sie sich nicht tot gefühlt haben, sondern noch sehr lebendig waren. Da wir aber auf verschiedenen Bewusstseinsebenen leben, waren die Jenseitigen für die Hinterbliebenen weder sichtbar noch hörbar. Wenn sie uns berühren wollten, gingen ihre Hände durch uns durch aufgrund der veränderten Situation. Es handelte sich nun um ihren Ätherkörper, er ist der Zwilling unseres jetzigen Körpers. Nur sensitive Menschen können ihre Gegenwart wahrnehmen. Sie können den Verstorbenen spüren, hören, riechen, sehen usw. Man kann es auch erklären mit einem Menschen, der in Urlaub fährt. Man will sofort Bescheid geben, das man gut am Urlaubsort angekommen ist. Wenn dann die Familie informiert ist, kann man sich entspannen und sich anderen Dingen zuwenden. So ist es auch auf der anderen Seite. Wir müssen uns anderen Aufgaben zuwenden. Das heißt allerdings nicht, dass wir uns gegenseitig vergessen. Die Liebe ist immer da! Sie lieben ja Ihre Familie gleichermaßen, auch wenn Sie verreist sind. Sie dürfen nicht traurig sein, wenn Sie das Gefühl haben, dass die Kontakte plötzlich abgebrochen sind. Diese Kontakte zu den Jenseitswelten sind immer da, die Seele ist beruhigt zu wissen, dass Sie an ihr Weiterleben glauben. Sie können weiterhin mit dem Jenseitigen reden, der geliebte Verstorbene kommt Sie sehr oft besuchen, aber Sie können ihn nicht sehen.

Wenn Sie mit einem lieben Verstorbenen Kontakt aufnehmen möchten, brauchen Sie aber auch ein seriöses, ehrliches Medium. Falls Sie kein Medium kennen, dürfen Sie gerne mit mir Kontakt aufnehmen, ich werde Ihnen dann weiterhelfen.

Wenn es Menschen gibt, die meine Bücher lesen und trotzdem an allem, was darin geschrieben steht, zweifeln, dann wünsche ich mir von ganzem Herzen, dass auch ihnen diese wunderbaren Dinge passieren. Allerdings wäre es mein größter Wunsch, dass uns diese Menschen, auch wenn sie nicht an unsere Worte glauben, gewähren lassen, ohne über uns zu lachen. Wir lachen auch nicht über euch, die ihr das Schöne noch nie erlebt habt, mit den Jenseitswelten zu kommunizieren. Im Gegenteil, viele Menschen arbeiten unermüdlich daran, jedem von Euch diese schöne Botschaft zu überbringen. Nicht jedem Menschen ist diese Gabe gegeben. Es ist unser Schicksal und es ist eine kleine Minderheit, die sich zusammentut um ihre Erfahrungen auszutauschen. Wir wollen auch alle anderen, die uns für verrückt halten an diesen Erlebnissen teilhaben lassen, in der Hoffnung, dass sie es annehmen und sich auf die Schönheit, das Glück und die Liebe im Jenseits vorbereiten. Eines Tages, wenn auch Sie von dieser Erde gehen müssen, werden ihr Engel und ihre Lieben Sie auf der anderen Seite abholen. Es ist so schön zu wissen, dass es noch immer Menschen gibt, die unermüdlich versuchen, andere aufzurütteln.

Mein Dank gilt auch im letzten Kapitel wieder den treuen Lesern meiner Bücher. Ich danke „euch" für das Buch! „Erlebnisse mit Engeln und Verstorbenen" würde es nicht geben, wenn es euch nicht gäbe. Das Buch soll die Menschen wachrütteln um ihnen die Augen und Ohren für die Jenseitswelten zu öffnen. Ich kann nur immer wieder sagen, öffnet eure Herzen mit all eurer Liebe für alle Menschen die euch begegnen und öffnet eure Herzen für die jenseitige Welt. **Die Jenseitigen lieben euch!**

**Engel sind ganz besondere Wesen.
Sie lieben uns, sie schützen uns, sie begleiten uns, sie trösten uns, sie motivieren uns, sie kämpfen für uns,
sie lachen mit uns, sie weinen mit uns.**

Ich durfte Engel sehen und kann sie nun viel besser verstehen. Reden auch Sie mit Ihrem Engel wie mit einem Freund, der es immer gut mit Ihnen meint.

**Haben Sie Schmerzen, Kummer und Sorgen, dann ist immer jemand für Sie da: der beste Freund des Menschen ist sein Engel.
Er liebt Sie tagein tagaus, Jahr für Jahr.**

**Er streichelt Sie in der Nacht, er bringt Sie im Schlaf an einen Ort, der Sie sehr glücklich macht.
Er schenkt Ihnen süße Träume,
die Sie erquicken, damit Sie am Morgen
Ihre Sorgen nicht mehr erdrücken.**

**Bevor Sie einschlafen, sollen Sie mit Ihrem Schutzengel reden, er wird Ihnen alles geben. Er wird die Sorgen vertreiben,
nichts wird mehr übrig bleiben.**

**Geben Sie Ihrem Engel das Gefühl, dass auch Sie ihn lieben,
bitten Sie ihn, immer bei Ihnen zu sein. Er wird Sie nie verlassen und ein Leben lang auf Sie aufpassen.**

Aber es gibt auch Erdenengel, man erkennt sie nicht an den Flügeln, denn sie brauchen keine. Man erkennt sie am Leuchten, das in ihren Augen ist und an ihren guten Taten.

Wir haben sehr viele davon, sie sind ruhig, zufrieden, liebevoll und hilfsbereit. Gehen Sie nicht achtlos an diesen Erdenengeln vorüber, sondern lassen Sie sich von ihrer Liebe beflügeln,

denn auch Sie können ein Engel auf Erden werden!

Meine Mutter liegt im Sterben

Der Kampf um das Leben meiner Mutter begann Mitte April 2008. Ganz plötzlich ging eine gravierende Veränderung mit ihr vor, die ich sofort erkannte. Sie erzählte von einer Krähe, die ihre Sachen gestohlen und es sich unter ihrem Bett gemütlich gemacht hätte. Das war aber immer nur von ganz kurzer Dauer. Anschließend war sie wieder normal und man konnte sich sehr gut mit ihr unterhalten. Ich rief bei ihrem Arzt an und berichtete ihm davon. Er meinte, das sei normal in ihrem Alter, es sei der Anfang einer Demenz. Ich bat ihn aber, das Ganze näher zu untersuchen und möglichst eine Computertomographie zu machen. Die Veränderung mit ihr passierte, nachdem sie mehrmals gestürzt war, ich vermutete es handelte sich bei ihr um eine Kopfverletzung. Am Donnerstag, dem 12.6.2008 kam ihr Arzt zu einem Hausbesuch. Ich rief vorher in seiner Praxis an und bat ihn um eine Infusion für meine Mutter. Als er kam, hatte er die Infusionsflasche in seinem Arztkoffer, ich war froh und dachte, er würde ihr sie verabreichen. Er tat es aber nicht, weil er der Meinung war, dass ihr Blutdruck von 120 völlig normal sei. Deshalb würde er ihr keine Infusion legen. Ich machte ihm sogar den Vorschlag, die Infusion selbst zu zahlen, er aber meinte: „Zuerst nehmen wir jetzt einmal Blut und untersuchen es, ich komme dann nächste Woche wieder vorbei und dann sehen wir weiter." Trotzdem war ich an diesem Tag wie schon in den Wochen vorher von einer großen Unruhe umgeben und oft hatte ich das Gefühl, wenn man jetzt nichts tut, muss meine Mama sterben. Ich hatte sogar schon den Geruch von Tod in meiner Nase. Ich fragte meine Mama immer wieder, ob sie das auch riechen könnte, aber sie verneinte. Ich muss zur Erklärung dazu sagen, dass meine Mutter immer sauber gewaschen war und nicht etwa mangelnde Körperhygiene der Grund dafür hätte sein können. Es war der Geruch des Todes, den ich noch von meiner Arbeit im Klinikum kannte.

Dann bat ich meinen Arbeitgeber am Freitag, den 13.6.2008 um einen freien Tag. Ich sagte noch: „Morgen ist Freitag der 13., ich hoffe, es ist kein Unglückstag für mich."

Ich blieb an diesem Abend bis um 23 Uhr bei meiner Mama. Nichts deutete darauf hin, dass es ihr schlechter ging. Alles war wie immer, sie wollte dann aber zu Bett gehen, weil das Fernsehprogramm so langweilig sei. Ich schaute noch einmal nach, ob sie auch richtig im Bett lag und deckte sie zu.

Am Samstag, den 14.6.2008 ging ich morgens zu ihr in die Einliegerwohnung. Ich wunderte mich, dass sie auf mein Rufen nicht reagierte. Als ich in ihr Schlafzimmer kam, stockte mir der Atem, sie lag regungslos in ihrem Bett. Sofort rief ich einen Notarztwagen und sie wurde, nachdem sie stabilisiert war, unverzüglich ins Krankenhaus eingeliefert. Immer wieder bat ich, wie bereits seit Wochen: „Sie müssen ein CT machen, meine Mutter klagt ständig über Kopfschmerzen." Dieses Mal hörte man auf mich. Die Diagnose war eine Hirnblutung. Man machte mir keine großen Hoffnungen. Der Arzt auf der Intensivstation sagte: „Wenn Ihre Mutter es überhaupt überlebt, dann wird sie ein Leben lang ein Pflegefall bleiben, schauen Sie sich schon einmal nach einem Pflegeheim um, denn das schaffen Sie nicht alleine, Ihre Mutter liegt nun schon seit drei Tagen im Koma."

Ich flehte um das Leben meiner Mama zu Gott, der Mutter Maria und den Engeln. Am dritten Tag konnte ich sehen, wie sie das rechte Auge öffnete. Sie drückte meine Hand, wenn ich mit ihr sprach. Als sie auf eine andere Station verlegt wurde, hob sie sogar die linke Hand, um sich während dem Transport am Haltegriff festzuhalten. Langsam keimte wieder Hoffnung in meinen Gedanken auf. Immer wieder dachte ich, Gott entscheidet, nicht die Ärzte!

Aber als ich sie am nächsten Tag im Krankenhaus besuchte, wollte ich kaum glauben, was ich sah: Meine Mama lag im Sterben. Der Arzt erklärte mir, sie hätte auch noch eine Lungenentzündung bekommen und es gäbe keine Hoffnung mehr. Wenn sie nicht in dieser Nacht bereits stirbt, wäre es am Besten für meine Mutter meine Einwilligung dafür zu geben, ihr Leben durch den Entzug der lebenserhaltenden Maßnahmen zu beenden. Mittlerweile hatte ich auch vom Amtsgericht die Erklärung, dass ich die Entscheidungen für meine Mutter treffen durfte.

Ich sagte zu dem jungen Arzt: „Ich möchte, dass meine Mama lebt, glauben Sie nicht auch an Wunder?" Er antwortete: „Es gibt sicher Wunder, aber ich bin ehrlich zu Ihnen, nicht bei Ihrer Mutter. Wir können ihr eine

Magensonde legen, aber Sie tun Ihrer Mutter damit keinen Gefallen, denn sie wird nicht mehr gesund, sie wird gelähmt bleiben und im Koma liegen, ich habe mit dem Neurologen gesprochen." Aber mein Glaube an Gott war größer als der Glaube an den Arzt. Ich war mir sicher, es wird ein Wunder geschehen, denn ganz viele meiner Leser haben für meine Mama gebetet und keine Waffe ist stärker, als die Kraft der Gebete. Ich ging zur Kirche, stellte Kerzen auf und sprach mit der Mutter Gottes. Ich bat um eine letzte Chance, denn ich wusste, meine Mutter wurde schon einmal vor zwei Jahren abberufen, aber ihr Leben wurde durch die Kraft der Gebete verlängert.

Ich musste an die letzten Worte meiner Mama denken. Sie sagte: „Kind, ich werde bald sterben, ich mache nächste Woche die letzten Passfotos und dann muss ich gehen." Ich sagte: „Du darfst nicht gehen, denn wer passt dann auf deine Katze auf?" Und sie erwiderte: „Ich weiß, dass die Katze bei dir gut aufgehoben ist, sie wird es gut bei dir haben. Außerdem will ich nicht mehr in ein Krankenhaus, denn die lassen die Alten sterben, weil sie ein zu hoher Kostenfaktor sind." Ich wusste damals nicht, wie Recht sie mit ihrer Aussage hatte, denn wir sind keine Erste-Klasse- Patienten, sondern nur Kassenpatienten.

Meine Mutter kam in ein Sterbezimmer. Auch ihre Zimmernachbarin lag im Sterben. Meine Mutter lag noch immer im Koma. Die Zimmernachbarin konnte nicht mehr sprechen, sie war bis aufs Skelett abgemagert. Mit letzter Kraft streckte sie mir immer ihre Hand entgegen, wenn ich kam, denn sie hatte keine Familie mehr. Sie war eine ganz einsame, kranke Seele, die bald diese Welt verlassen musste. Ich nahm ihre Hand jedes Mal, streichelte sie und sprach mit ihr. Ich tröstete sie immer, dass ihr Engel bei ihr ist und dass er sie nie verlässt, sie sei nie alleine. Ich habe ihr und meiner Mama eine Medaille der Gottes Mutter unter die Matratze gelegt. Als ich gestern zu den beiden ins Krankenzimmer kam, habe ich die Frau zum ersten Mal sprechen hören. Sie lag im Sterben und flüsterte immer „Gabi, Gabi", ihre Augen waren geschlossen. Ich wusste gleich, dass ich sie bald nicht mehr wieder sehen würde und ich habe für sie gebetet. Sie wurde bereits von lieben Verstorbenen abgeholt, deshalb sagte sie Gabi. An ihrem und auch dem Bett meiner Mutter lag jeweils ein Bild, ein Priester hatte ausgefüllt, dass er sie mit den heiligen Sterbesakramenten versehen hatte. Ich wusste, wie aussichtslos die Situation erschien, aber wieder machte ich mich auf zur Mutter Gottes in die Kirche und flehte sie an, ihre Engel zu schicken und meine Mama wieder aus dem Koma aufwachen zu lassen. Ich flehte sie an, als ginge es um mein eigenes Leben.

Ich fuhr zurück in die Klinik und am Anfang meines Weges sagte ich: „Bitte, lieber Gott, schicke mir deine Engel mit, damit sie meiner Mama helfen, wieder gesund zu werden." Als ich auf mein Fahrrad stieg, dachte ich, „wenn die drei Großen dabei sind, Raphael, Gabriel und Michael, müssten jetzt alle Ampeln auf Grün stehen, weil sie mich begleiten." Ich schwöre Ihnen: alle zehn Ampeln auf dieser Fahrt standen auf Grün, nicht ein einziges Mal musste ich warten!

Als ich dann meine Mama so schlimm da liegen sah, fuhr ich tränenüberströmt mit dem Fahrrad zurück. Ich habe vor lauter Tränen kaum noch etwas gesehen und fuhr statt auf dem Fahrradweg entgegengesetzt in eine Einbahnstraße. Entgegenkommende Fahrzeuge konnten mich nicht sehen, da ich in einer Kurve fuhr. Auf einmal bemerkte ich, wie ganz plötzlich mein

Fahrrad auf die Seite gedrückt wurde, ich wunderte mich noch, „was ist denn jetzt los?" und im gleichen Augenblick wurde ich von einem rasenden Fahrzeug nur um ein paar Zentimeter verfehlt. Bei einem Zusammenstoß wäre ich Schuld gewesen, denn der Fahrer konnte mich auf keinen Fall sehen. Es war eine ganz enge, kurvige Straße. Es konnte nur mein Engel gewesen sein, der mich in dieser Sekunde auf die Seite geschoben hatte. Ich bedankte mich bei ihm und wusste, dass wir alle wunderbar beschützt werden, auch meine Mama. Ich musste mir eigentlich gar keine Sorgen mehr machen. Außerdem hatte jedes Zimmer, das sie bezog, die Quersumme 7, auch ihr Zimmer im Pflegeheim hat die Nr. 7 – und die 7 ist die Zahl der Engel.

Ich schrieb an meine Freundin Doro:
Gestern Mittag war ich, bevor ich zu meiner Mama und ihrer sterbenden Bettnachbarin ging, noch in einem Geschenkartikelgeschäft. Ich hatte vor, beiden Frauen einen Engel an ihr Bett zu stellen. Meiner Mama kaufte ich einen blauen und der todkranken Frau einen grünen Engel. Auf dem Weg zum Krankenhaus bat ich die Engel um ganz viel Energie, die sie mir übermitteln sollten, denn ich wollte bei meiner Mama eine Heilung durchführen. Als ich den Raum betrat, hatte meine Mama die Augen geschlossen und zeigte keine Reaktion, sie lag noch immer im Koma und das bereits seit 2 Wochen.

Ich packte die beiden Engel aus, sprach zuerst mit der sterbenden Frau und streichelte sie am Arm. Bei ihr wusste ich ganz spontan, da konnte man nicht mehr helfen. Aber sie war so glücklich, als ich ihr den Engel zeigte und sagte: „Der Engel wacht über dich und wird dich immer und überall hin begleiten." Sie strahlte mich an und streichelte meine Hand. Auch ich streichelte sie. Dann ging ich zu meiner Mama und betete ganz intensiv zu Gott, der Mutter Maria und den Engeln Raphael, Michael und Gabriel. Ich bat aus vollem Herzen um Heilung für meine Mama. Ganz plötzlich spürte ich ein Kribbeln und eine Hitze in meinen Händen, selbst meine Wirbelsäule vibrierte und wurde ganz heiß, ich hatte das Gefühl, als würde mein Rücken brennen. Meine Augen waren noch immer fest geschlossen während ich aufrichtig betete. Als ich mit der Heilung fertig war und mich für den Beistand und die Hilfe Gottes und seiner Helfer bedankt hatte, schaute ich wieder auf meine Mama. Nun konnte ich sehen, dass sie auf einmal ihre wunderschönen blauen Augen ganz weit geöffnet hatte und mich verwundert anschaute. Ich war so glücklich, musste weinen und schickte meinen Dank nach oben.

Dann kamen die Ärzte zur Visite. Sie waren total erstaunt: „Ihre Mutter hat sich ja wunderbar und so schnell erholt." Ich wollte in dem Moment nicht sagen, dass sie ja nach ihren Aussagen schon längst tot sein müsste und bereits alle Hoffnung aufgegeben war. Ein Wunder ist passiert, genau, wie ich es dem Arzt gesagt hatte. Vielleicht sollte ich den Ärzten mein neues Buch schenken, damit sie nicht so schnell vorzeitig Entscheidungen treffen, die man durch die Kraft der Gebete wieder zum Guten hätte lenken können.

Nachwort

Weil das Buch in Druck gehen muss, werde ich Ihnen nicht weiter über die Genesung und den Zustand meiner Mutter berichten können. Aber vielleicht bekomme ich noch einmal die Gelegenheit dazu. Ich bedanke mich für die vielen Gebete von euch und die wunderbaren Mails und Briefe – und vor allem für die wunderschönen Engel, die ihr mir zugeschickt habt.

Es ist ein wunderbares Gefühl für mich zu wissen, dass es in unserer harten, manchmal auch trostlosen Welt noch so viele wunderbare Menschen gibt. Erdenengel wie ihr, auf die man sich immer verlassen kann. Ich möchte euch sagen, dass ihr immer einen ganz besonderen Platz in meinem Herzen habt.

Inhaltsverzeichnis:

Vorwort 3
Geben ist seliger als Nehmen............................... 4
Phänomene... 6
Danke, Mutter Maria..32
Ein unfassbares Verbrechen............................... 36
Wie lange dauert die Trauerzeit?.........................43
Erlebnisse mit Engeln... 50
Ich liebe Dich..57
Adrian geht es gut 62
Sagen Sie Danke..63
Leserbriefe..72
Michaela bei John...91
Meine Mutter liegt im Sterben...........................176
Nachwort..183

Mato-Verlag
Marlene Toussaint
Tel.-Fax: 08331- 49 44 45

Copyright © by Marlene Toussaint

Buchcover: „Engel der dich mit göttlichem Licht beschenkt", gemalt von Sabine Thiel

Bilder: Copyright Sabine Thiel (www.Sabine-Thiel.de) oder Ednas Engelwelt (www.engelbilder.de)

Umschlaggestaltung: Benedict Bauer

Druck: FORMAT Druckerei & Verlagsgesellschaft mbH, Jena

1. Auflage 2017
Alle Rechte vorbehalten, insbesondere die der Übersetzung und des Nachdrucks. Es bedarf einer schriftlichen Genehmigung des Verlags.

Dieses Buch ist direkt beim Verlag oder bei allen Buchhandlungen auf Bestellung erhältlich.

Weitere Bücher, die im Mato-Verlag erschienen sind:

Südafrika schön und preiswert
ISBN 978-3-927003-23-1, Euro 15.-

Namibia schön und preiswert mit Kapstadt, Wein- und Gartenroute
ISBN 978-3-927003-29-3, Euro 15.-

Arbeitslosigkeit, Glück oder Unglück?
ISBN 978-3-936795-93-6, Euro 7,50

Schönheitsoperationen:
Vom hässlichen Entchen zum schönen Schwan
ISBN 978-3-936795-96-7, Euro 11,90

Piloten küsst man nicht! Roman
ISBN 978-3-936795-99-8, Euro 12,90

Engel und die Verstorbenen sind unter uns
ISBN 978-3-936795-98-1, Euro 12,90

Phänomene und Kraft aus dem Jenseits
ISBN 978-3-936795-92-9, Euro 12,90

Engel und die Jenseitigen lieben uns
ISBN 978-3-936795-91-2, Euro 12,90

Angels and deceased loved ones are always with us
ISBN 978-3-936795-59-2, Euro 14,90

Erlebnisse mit Engeln und Verstorbenen
ISBN 978-3-936795-58-5, Euro 12,90

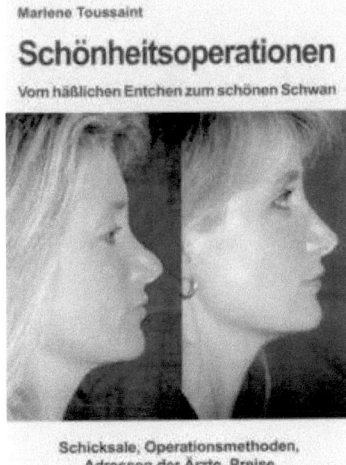